스스로를
사랑하지 못하는
당신에게

개인주의를 권하다

스스로를
사랑하지 못하는
당신에게

개인주의를 권하다

이진우 지음

21세기북스

희망이 없는 사회의
유일한 희망인
개인주의자를 꿈꾸며

　개인주의에 대한 비난과 희망이 교차한다. 어떤 사람들
은 개인의 가치를 존중하는 태도가 자유롭고 합리적인 사
회를 가져올 것이라고 장밋빛 전망을 하고, 어떤 사람들은
개인주의가 공동체의 도덕적 기반을 허물어뜨려 사회가
더욱 혼란스러워질 것이라고 주장한다. 개인의 등장을 긍
정적으로 바라보는 사람들은 MZ세대가 추구하는 탈권위
라는 가치에 주목하는 반면, 개인주의를 불편해하는 사람
들은 공동체와 공공의 가치에 관한 관심이 후퇴하는 것을
의심의 눈초리로 바라본다. 정의, 인간 해방, 국가 발전과

같은 거대 담론이 타당성을 잃고 인기가 없어진 이유가 점점 널리 퍼지는 개인주의 때문인지 아니면 경제적·심리적 여유가 없기 때문인지는 불분명하다. 그렇지만 개인주의에 대한 평가가 어떻든 개인이 모든 논의의 중심에 있다는 것만큼은 분명하다.

그런데 개인은 정말 우리 삶의 중심에 서 있는가? 우리 사회의 개인들은 자신의 삶을 주도하는가? 우리 사회에 개인은 정말 존재하는가? 이 책은 이 질문들에 답하면서 '개인주의의 확산'이 사회의 개인화로 비롯된 많은 문제를 해결할 수 있는 유일한 길이라고 제안한다.

서구사회의 발전 과정에서 보듯 '개인화'는 현대화의 필연적 결과다. 사회가 발전하면 할수록 개인의 가치와 존엄은 더욱 존중된다. 자유, 인권, 권리와 인간 존엄이 보장되는 사회는 개인주의 사회다. 공산주의 사회라도 모든 사람이 자신의 능력에 따라 일하고, 자신의 욕구에 따라 보상받는다면 개인주의가 완성된 사회와 다를 바 없다. 개인주의는 개인의 능력과 소질을 최대한으로 높여 완전한 개인을 만드는 것이 궁극적인 목적이다.

우리 사회는 어떤가? 우리는 여전히 개인과 개인주의를

부정적으로 평가한다. 역사적으로 쌓여온 집단주의의 위세는 여전히 견고하고 엄격하다. '넌 너무 개인주의적이야!' 라는 말이 비난처럼 들릴 때 집단주의는 개인을 꽉 조여 숨 막히게 하는 엄격한 규범일 뿐이다. 아직도 남의 눈치를 보고, 다른 사람의 시선을 의식하는가? 그렇다면 집단의 이익보다 자신의 이익과 권리를 더 추구하더라도 개인이 아니다. 남의 마음을 그때그때 상황으로 미루어 알아내려고 눈치 보는 사람이 어떻게 자신의 마음을 알겠는가.

강한 집단주의의 토양에서 개인은 왜곡되어 기형적인 형태로 자라난다. MZ세대나 90년대생은 겉보기에는 집단적 가치를 따르지 않고 자기 자신의 가치와 만족을 추구하는 것처럼 보인다. 이 새로운 세대는 정말 자신의 삶을 주도적으로 살고 있는가? 개인주의를 삶의 가치로 추구하는가? 삶의 문제를 스스로 결정할 최종 권한을 갖고 있는가? 개인주의는 모든 가치의 기준이 개인에게 있다는 것을 의미하지만, 다른 가치를 추구하는 개인들과도 공존할 수 있어야 한다. 개인주의를 긍정적으로 표현하면 자신만의 가치를 창조하고 실현하는 것이지만, 부정적으로 표현하면 다른 사람의 영역을 침범하지 않는 것이기 때문이다. 다른 사람들도 독립적인 개인이라는 점을 인정하고 상호 배려해야 한다. 프리드리히 니체가 멋지게 표현한 '주권적 개인'은 타인의 권리와 영역을 침해하지 않도록 자신을 통제할 수 있는 사람이다.

그런데 우리 사회에 '주권적 개인'은 보이지 않는다. 자신의 이익과 권리를 추구하면서 남을 힐끗거리고, 여론과 유행이라는 이름으로 포장된 타인들의 기준에 자신을 맞추는 '기형적 대중'만 들끓는다. '욜로(YOLO)'나 '소확행'이라는 이름으로 순간의 만족을 추구하고, 스스로 생각하지 않고, 자신의 진짜 욕구가 무엇인지도 모른 채 유행을 좇는 대중은 결코 개인이 아니다. 단지 집단주의 문화에 거부감을 표출한다고 개인이 되는 것은 아니다. 진정한 개인은 약속할 수 있는 능력이 있어야 한다. 개인은 책임을 자신의 특권으로 자랑할 정도로 말과 행위에 책임이 있어야 한다. 그런데 우리는 타인의 권위주의적 간섭을 거부하면서 동시에 책임마저 거부한 것은 아닌가?

우리 사회에 개인은 존재하지 않는다. 개인화의 기운찬 물결을 바라보면, 이 말은 모순처럼 들릴 수도 있다. 물론 파편화되어 이기적으로 구는 개인들은 주위에 허다하다.

하지만 개인이 있다면 개인의 가치가 있어야 한다. 개인들은 항상 복수로 존재하기 때문에 개인주의 사회는 다양한 가치들을 포용해야 한다. 그런데 어떠한가? 새로운 세대는 자신만의 가치를 추구해야 한다는 말을 진부하게 생각하며 가치 자체가 의미 없다고 여긴다. 현대인들은 마치 탈가치를 체화하여 '가치의 부재'를 추구하는 것처럼 보인다.

개인의 가치가 헛소리로 들리는 사회는 결코 개인주의 사회가 아니다. 위험에 처해 있는 것은 개인주의로 훼손된 공동체가 아니라 개인이다. 우리는 어디로 가고 있는가? 우리는 어떤 존재가 되기를 바라는가? 개인주의가 존중받지 못할 때 가장 커다란 피해를 입는 것은 개인이다. 존재의 기반을 상실하고, 삶의 의미를 발견하지 못하기 때문이다. 가치를 상실한 개인들이 부유하는 사회는 개인에게 새로운 구속이다.

우리는 개인이 되어야 한다. 설령 미래가 우리에게 희망을 주지 않더라도, 삶의 척도를 자신에게서 발견해야 한다. 나 아닌 어느 누구도, 우리의 삶을 책임지겠다고 유혹하는 복지국가도 안전하게 강을 건널 인생의 다리를 세워주지 않는다. 오로지 나 혼자만이 그럴 수 있다. 이 가능성을 믿어야 우리는 스스로 자신의 길을 만들 수 있다.

우리는 주권적 개인이 되어야 한다. 자본주의 소비사회는 진정한 자아를 발견하는 수많은 방법과 상품을 마케팅하지만, 삶의 이야기는 내가 만들어가야 한다. 자신의 삶을 살지 않고 어떻게 자신의 이야기를 만들 수 있겠는가? 그러기 위해서 우리는 자신을 사랑해야 한다. 이웃 사랑과 공동체에 대한 헌신이 헛소리가 되면서 우리는 자신에 대한 사랑마저 우습게 여기게 되었다. 우리는 다시 자신을 발견하고, 자신감 있게 자기 자신을 사랑해야 한다. 그것이 모든 개인의 차이를 인정하고 포용하는 자유로운 사회로 나가는 길이다.

이 책은 한국 사회에는 개인이 없다는 진단에서 출발했다. 개인화는 거스를 수 없는 시대의 흐름이 되었지만, 우리는 개인화의 영향을 제대로 모르고 있다. 집단주의가 벗어던져야 할 적폐가 되었음에도 개인주의는 환영받지 못한다. 이런 혼돈의 세계에서 우리가 먼저 해야 할 일은 삶의 중심을 잡는 것이다. '나는 개인주의자다'라고 당당하게 말할 수 있을 때에야 비로소 진정한 개인이 된다. 이 책이 혼란스럽고 무거운 시대를 가볍게 그러나 의미 있게 살아가는 데 도움이 되기를 바란다.

'개인이 없는 사회'라는 주제로 한국 사회를 비판적으로 진단한 몇 번의 강연에서 싹튼 이 책이 구체적인 형태를 갖추는 데 도움을 준 윤홍 선생님과 윤서진 팀장님을 비롯한 21세기북스 인생명강팀에게 고마운 마음을 전한다. 모든 개인이 당당하고 건강한 사회를 꿈꿔본다.

2022년 창리 꽃골에서
이진우

차례

우리에게 주어진 삶을 사랑하려면

자신을 먼저 사랑해야 한다.

1강

당신은 나를 사랑하고 있습니까?

현대사회를 관통한
'자기 사랑'이라는 병

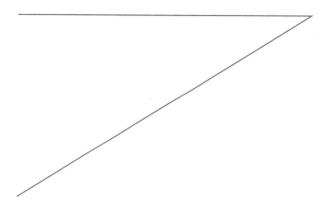

　어떤 시대를 관통하는 시대정신은 우리가 던지는 질문의 성격으로 가늠할 수 있다. 우리는 오늘날 어떤 질문을 가장 많이 그리고 진지하게 던지는지 한번 생각해보자. 나는 내 삶을 사랑하고 있는가? 혹은 나 자신을 얼마나 사랑하고 있는가? 오늘날 자연스럽게 건네는 이 질문이 20세기 중반까지만 해도 당연한 질문은 아니었다. 전통사회에서는 자신보다 이웃을, 하나님을, 더 넓게는 인류를 사랑하라는 말이 훨씬 더 보편적이었고, 자신에 대한 사랑을 요구한 시대는 거의 없었다. 그렇다면 오늘날에는 이 질문이 왜 이렇게 당연해졌을까? 이번 장에서는 이 문제에 대한 해답을 찾아보려고 한다.

먼저 독일의 철학자 프리드리히 니체Friedrich Nietzsche가 한 말을 들어보자. 그는 『차라투스트라는 이렇게 말했다』에서 다음과 같이 이야기한다. "삶에 대한 그대들의 사랑이 최고의 희망에 대한 사랑이 되게 하라. 그리고 그대들의 최고의 희망이 삶에 대한 최고의 사상이 되게 하라!"[1]

전통적 가치가 타당성을 잃어버린 허무주의 시대에 그가 찾은 최고의 가치는 두말할 나위 없이 삶에 대한 사랑이었다. 허무주의는 최고로 여기던 가치의 붕괴와 삶에 대한 부정을 동시에 뜻한다. 우리의 삶을 구속하던 절대적 가치가 사라졌는데도, 왜 우리는 우리의 삶을 긍정하지 못하는 것일까? 19세기 말과 20세기 초에 제기되었던 이런 질문은 지금까지도 여전히 맴돌고 있다.[2] 전통적 가치와 규범의 파괴를 삶의 원동력으로 전환하려면, 개인이 먼저 모든 제도와 관습의 속박에서 해방되어야 한다. 삶을 사랑하려면 당연히 자신을 먼저 사랑해야 하기 때문이다. 허무주의는 이렇게 해서 개인주의와 연결된다.

그렇다면 개인주의는 자기애와 동의어일까? 얼핏 생각

하면 자기를 사랑하는 것이 개인주의의 가장 큰 특성이라고 생각하기 쉽다. 그러나 이 질문을 다른 관점에서 따져보면 새로운 해석이 나온다. 미국의 사회학자인 크리스토퍼 라쉬Christopher Lasch는 『나르시시즘의 문화』라는 책에서 "모든 시대는 자신의 독특한 형태의 병리학을 발전시킨다"[3]고 말했다. 과연 지금이 어떤 시대인지, 이 사회를 관통하는 시대정신은 무엇인지 알려면 우리 시대의 병을 인식해야 한다.

19세기 말과 20세기 초 프로이트 시대에는 히스테리와 강박 신경증이 자본주의 사회 발전의 초기 단계와 연관되어 극단적인 성격적 특성으로 나타났다면, 20세기 말과 21세기 초 우리 시대에는 정신분열증과 경계선 또는 성격 장애가 점점 더 많은 관심을 받고 있다. '신경증'은 탐욕과 욕망이 가부장적 권위로 억압받을 때 발현되지만, '성격장애'는 충동이 자극되고 왜곡되어 이를 만족시킬 대상이 없을 때 일어난다. 간단히 말하면, 나 자신이 내가 원하는 나가 아닐 때, 자기 자신과의 관계가 어그러질 때 사람들은 자존감에 크게 상처를 입고, 깊은 공허감으로 고통받는다. 이렇게 자신을 사랑하지 못하는 새로운 개인이 탄생한다.

이런 사회에서 우리 사회의 자화상은 무엇일까? 사회는 수많은 개인으로 구성되어 있다. 사회가 개인화된 것이다. 한 개인은 가정, 학교, 직장, 그 외에 다양한 조직에서 타인과 교류하며 사회적 규범을 내면화한다. 따라서 오늘날의 모든 개인은 사회화된 개인으로, 아무도 개인들이 사회를 구성하며 사회는 개인들이 모인 곳이라는 점을 의심하지 않는다.[4] 복수의 개인들이 서로 관계를 맺으면서 만들어진 사회는 개별적인 역사와 문화를 갖고 개인들에게 영향을 미친다. 따라서 '우리는 어떤 사회에 살고 있는가?'라는 질문은 필연적으로 '우리는 어떤 종류의 개인인가?'라는 질문과 맞물려 있다. '나는 나 자신을 사랑하는가? 나의 삶을 사랑하는가?'라는 질문에 대답하려면 개인과 사회의 관계를 올바르게 조명해야 한다.

오늘날 TV나 인터넷, 책을 볼 때 어디에서든 마주칠 만큼 홍수처럼 쏟아지는 단어가 있다. 바로 '자아'self다. 자율, 자기의식, 자기실현, 자기만족, 자기 결정, 자아 존중처럼 오늘날 우리 사회를 지배하는 수많은 낱말 역시 모두 자아라는 말에 토대를 두고 있다. 그런데도 한편으로는 "자아가 뭐야? 너의 자아는 어떻기를 원해?"라는 질문을 던지면 대부분 금세 입을 다물어버린다. 쉽게 답을 찾을 수 없기 때문이다.

학생들을 가르치면서 종종 이런 질문을 던질 때가 있다. "네 삶의 목적은 뭐니?" 질문을 받은 학생은 처음에는 머뭇거리다가 곧이어 자신 있게 이렇게 답한다. "저는 자기실현을 하고 싶어요!" 이런 대답을 들으면 짓궂은 철학자의 본성이 발동된다. "그래? 자기실현이 도대체 뭔데?" 다시 이렇게 되물으면 다음 대답이 나오기까지 한없이 오랜 시간이 걸리거나 결국 답을 듣지 못하고 끝날 때가 많다.

그것은 '자아'가 철학적으로 무겁고 난해한 개념이기 때문만은 아니다. 자아실현이라는 말을 듣는 순간 '나'는 자기실현의 주체로서의 '나'(I)와 실현되어야 할 객체로서의 '나'(Me)로 나눠진다. 우리가 자아를 실현하는 과정에서 나타난 자아가 내가 원하는 방향이 아니라는 것만 확인한다면, 주체로서의 자아는 상실되고 만다. 여기에서 자기실현을 추구하면서도 정작 그게 무엇인지 모르는 시대에 사는 우리의 모습이 단적으로 드러난다.

특정 단어가 비상식적일 만큼 범람하는 것은 결코 정상적이지 않다. 그것은 오히려 지금 우리가 겪고 있는 사회병리적인 상태를 말해준다. 오늘날의 질병은 결핍이 아니라 과잉에서부터 시작된다. 다시 말해 자신과 관련된 낱말들을 수없이 반복해서 사용하는 것은 질병의 징후인 셈이다. 그렇다면 자아의 거품은 왜 일어난 것일까?

20세기 초는 온갖 종류의 정치적 이념이 실험된 시대였다. 모두가 새로운 사회를 건설하면 새로운 인간이 창조될 것이라고 믿었다. 파시즘과 나치즘, 스탈린주의와 무정부주의, 사회주의와 공산주의의 다양한 실험들이 실패하고, 종전 후 자본주의와 자유주의가 발전하면서 시대와 사회의 분위기가 바뀌기 시작했다.

원자폭탄이 떨어지면서 전쟁이 끝나자 종말과 말세의 기운이 퍼져나갔다. 자본주의의 발전과 더불어 개인도 성장할 것이라는 희망이 커진 반면, 다른 한편으로는 개인이 점점 더 복잡해지는 사회의 제도에 의존할 수밖에 없다는 절망도 깊어졌다. 개인이 사회를 바꿀 수 없다는 의식이 확고해질수록, 개인은 사회적 문제보다는 개인의 신체적·심리적 건강과 마음의 평화에 관심을 가진다. 유럽인과 미국인이 60년대 정치적 혼란을 겪은 이후 순전히 개인적 관심사에만 집중했다는 사실이 이를 잘 말해준다.

사회적 개혁으로 자신의 삶이 나아질 거라는 희망이 없는 사람들은 '나'로 시선을 돌려 자신의 감정과 소통하고, 건강에 좋은 음식을 먹고, 요가와 조깅을 하고, 영성을 일깨우는 고전의 지혜에 심취한다. 사회적 문제가 개인의 심리적 문제로 전환된 것이다. 라쉬의 표현을 빌리자면, "사회가 자아 속으로 침입"한 것이다.[5] 라쉬가 쓴 이 책의 제1장 제목이 바로 "의식 운동과 자아의 사회적 침입"이다.

'나는 나 자신을 사랑하고 있는가?' 결국 이 질문은 사회적 문제가 심리의 영역으로 옮겨온 것이다. 모든 사회는 자신의 문화를 개인에게서 재생산한다. 사회의 규범과 기본 가치, 경험을 평가하는 방식이 인격의 형태로 전환되는 것이다. 사람은 가정과 학교, 그리고 다른 사회적 제도를 거치면서 사회화되고 인간의 본성을 일반적인 사회적 규범에 맞게 수정한다. 자신을 최고로 여기도록 키워준 부모의 사랑, 그런 부모와 이별하고 사회에 나가야 하는 두려움, 자신이 최고가 아니라는 사실을 인식하는 것 같은 '심리적 사건들'로 새로운 성격을 생산한다.

그렇다면 자기에 대한 사랑과 자기중심주의는 과연 우리 시대의 병인가? 그것이 병이라면 제일 먼저 떠오르는 단어는 '나르시시즘'이다. 20, 21세기를 가로지르는 시대정신 또는 우리 시대의 고유한 질병이 나르시시즘이라는 한 단어로 압축된다. 오늘날에는 젊은 사람이든 나이 든 사람이든 상관없이 모두 자기 자신을 과도하게 걱정한다. 나르시시즘은 자신에 대한 과도한 염려로, 우리의 관심이 사회라는 바깥에서 심리라는 안으로 바뀌었음을 말해준다. 만약 이것 때문에 오히려 자신을 사랑할 수 없다면, 나르시시즘은 오늘날의 대표적인 사회병리적 현상이다.

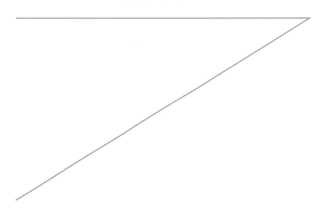

심리적 생존을 위한
미니멀 자아로

나르시시즘은 현대인들의 전형적인 심리 성향이다. 물에 비친 자신의 모습에 반해 물로 뛰어들었다가 수선화라는 꽃이 된 나르키소스의 신화에서 유래한 이 개념은 오늘날 병리적인 자아도취를 가리키는 용어로 흔히 사용된다. 또한 사회적 부패와 문화적 타락 현상의 원인으로 지목되기도 한다. 개인의 '허영심', '자기 감탄', '자아도취', '자기 만족' 및 '자기 영광'을 포괄하는 이 용어가 종종 반사회적 개인주의와 동일시되기 때문이다.6 여기에는 오직 자기 자신 또는 자신과 관련된 것만 의미가 있고 나머지 세계는 별로 중요하지 않다는 태도가 가장 큰 영향을 미친다.

　개인의 병리적 성격장애가 동시에 사회의 병리적 현상을 반영한다면, 거꾸로 한번 질문해보자. 나르시시즘은 혹시 개인과 사회의 관계가 왜곡되었기 때문에 나타난 것은 아닐까? 나르시시즘과 관련하여 우리가 원인과 결과를 혼동하는 것은 아닐까? 만약 우리가 나르시시즘을 단순히 반사회적 이기주의와 같은 말이라고만 생각한다면, 나르시시즘의 병리적 현상을 제대로 파악하지 못한 것이다.

　사람들은 언제나 이기적이었고, 집단은 항상 부족 중심적이었다. 이러한 성향에 나르시시즘이라는 심리적 용어를 덧붙여봐야 자연스럽고 이기적인 현상을 도덕적으로 판단하려는 것에 불과하다.

　라쉬는 "나르시시즘은 가장 느슨한 의미에서는 이기심의 동의어이며, 가장 정확한 의미에서는 세상이 자아의 거울로 나타나는 마음의 상태를 설명하는 하나의 은유일 뿐이다"라고 말했다.7

　그는 나르시시즘을 개인과 사회의 관계가 왜곡될 때 발생하는 사회병리적 현상으로 본 것이다. 개인이 잘못되었다는 것은 사회가 무언가 잘못되었다는 의미다. 따라서 나르시시즘은 진정한 개인이 되기 위해 필연적으로 겪어야 하는 분리가 제대로 되지 않았을 때 나타나는 병리적 현상으로 가부장적 질서로부터 해방된 개인이 사회와 건강한 관계를 맺지 못하고 오히려 자신에게로 후퇴하여 집착하는 것을 뜻한다.

현대적 의미의 나르시시즘은 크게 삼중적 형태로 이루어진다. 첫 번째는 전통으로부터의 분리, 두 번째는 사회로부터의 분리, 세 번째는 관계로부터의 분리다. 이러한 형태를 살펴보면 개인에 대한 과도한 염려가 어떻게 생겨났는지 자연스럽게 이해할 수 있다.

먼저 현대인들은 전통과 단절되어 살아간다. 과거에는 개인보다 공동체를 중시하는 가치를 아무런 의심 없이 받아들였다. 그러나 오늘날에는 이러한 가치를 더는 당연하게 믿지 않는다.

또한 우리는 사회를 개인의 관점에서 바라보며 자신을 존중하는 사람들과만 관계를 맺고 싶어 한다. 우리가 사회적 규범을 따르는 궁극적 이유도 자존감 때문이다. 가수, 배우, 운동선수 등 유명인을 좋아할 때 팬덤으로 무리를 짓는 이유는 그런 행동으로 자존감을 높일 수 있다고 믿기 때문이다. 어떤 단체나 모임에 가입할 때도 우리는 고유한 개성을 유지하기를 원한다.

그런데 그러한 모임에서의 관계가 거품처럼 꺼지고 나면 상처 입은 자존감과 공허한 감정만이 남는다. 이러다 보니 오늘날 현대인들은 '관계에 대한 고통'을 가장 크게 느끼게 되었다. 아이러니하지 않은가? 그런데도 사람들은 여전히 관계를 맺으려는 욕구를 갖는다. 나르시시즘은 이처럼 전통, 사회, 관계와 단절된 삼중적 분리 현상과 밀접하게 연관된다.

그렇다면 현대인들을 압박하는 사회적 분리를 어떻게 극복하고 진정한 의미의 개인이 될 수 있을까? 라쉬는 『나르시시즘의 문화』에서 후기 자본주의의 압박으로 인해 정신 치료적 심리가 사회와 개인의 삶에 침투한다고 말하면서 "현대의 분위기는 종교적이 아니라 치료적이라고"[8] 진단한다.

종교는 '구원'을 추구하지만, 치료는 '건강'이 목적이다. 종교적 구원을 추구하는 사람은 자신만의 힘으로 삶과 세상을 바꿀 수 없다는 것을 겸허하게 받아들였다면, 정신적으로나 육체적으로 건강하길 바라는 현대인은 자신의 의지에 따라 삶이 바뀔 수 있다고 믿는다. 현대인들이 '영혼의 건강'을 말할 때도 그것은 종교적이지 않다. 단지 훼손된 자신의 정체성을 회복하고 싶다는 '치료적 감성therapeutic sensibility'의 표현일 뿐이다. 요즘에는 많은 사람이 다양한 정신적인 질병을 겪는다. 일상에서 압박을 느끼거나 스트레스를 많이 받다 보니 정상적으로 사고하기가 불가능해진 것이다. 따라서 현대인들은 미래의 구원보다는 지금 여기에서 위로받고 싶어 한다.

이 지점에서 다시 한번 고개를 갸우뚱하게 된다. 전통이라는 엄청난 무게와 구속에서 분리되었는데도 왜 현대인들은 과도한 압박을 받고 있을까? 라쉬의 말을 다시 살펴보자.

우리 시대의 특징처럼 보이는 자아에 대한 염려는 심리적 생존에 대한 염려의 형식을 취한다. 사람들은 미래에 대한 확신을 상실하였다.[9]

이 말을 듣고 많은 사람이 고개를 끄덕이는 모습이 눈에 선하다. 자신에게 물어보자. '나는 미래에 대한 확신이 있는가? 관계에 대한 믿음을 잃어버리지는 않았는가?' 현대사회에서는 먹고사는 문제처럼 물리적인 생존은 더 이상 염려하지 않아도 되지만 어떻게 개성을 유지할지, 어떻게 개인으로 살아갈지, 어떻게 심리적인 안정 상태를 찾을지와 같은 걱정이 새로운 자리를 차지한다. 이것이 바로 '심리적 생존'이다.

자아와 자기 정체성을 갈망한다는 것은 오히려 자아가 위태로우며 정체성을 찾기가 어렵다는 것을 뜻한다. 자아에 대한 내면의 목소리가 높아질수록 자아를 굳건히 세우려는 우리의 의지는 더욱더 위축된다. 내일을 약속할 수 없는 의지는 이미 취약하기 때문이다. 상처받은 자아는 구원이 아니라 힐링과 정신 건강을 원한다.

그렇다고 치료의 유행과 성공이 그 자체로 현대인의 새로운 종교가 되었다고 착각해서는 안 된다. 현대인들에게는 치료의 감성에서 반종교적 태도가 가장 극명하게 드러나기 때문이다. "미래가 없다"고 생각하는 현대인들은 즉각적인 필요와 욕구를 넘어서는 어떤 것도 기대하지 않는다. 미래를 믿지 않는 곳에 종교는 존재할 수 없다.

미래와 자신에 대한 기초적 신뢰가 무너지면 어떤 현상

이 벌어질까? 과거에 우리는 수많은 관계로부터 압박을 받았다. 태어나서 가장 처음 맺는 관계인 부모와 자녀를 떠올려보자. 부모는 우리를 보호하기도 하지만 한편으로는 억누르고 구속하기도 한다. 진정한 개인이자 자아로 바로 서기 위해서는 이런 관계에서 벗어나고 분리를 극복해야 한다. 만약 부모에게서 벗어나지 못한다면 영원히 종속된 채로 살아갈 수밖에 없다. 코로나 시대에 집에 갇힌 어린 학생들이 겪는 가장 큰 문제도 여기에서 비롯된다. 부모의 그늘에서 벗어나지 못하면 건강한 사회관계를 맺기가 힘들어진다.

이처럼 우리를 둘러싸고 있는 관계에서 분리되면 개인만 남아 자아를 가장 중요한 가치로 여기게 된다. 개인이 중심이 된다고 해서 사회적 관계에서 큰 문제가 생기는 것은 아니다. 내가 원할 때 원하는 관계만 맺을 수 있고 부모에게서 해방되고 분리되면서 되레 더욱 건강한 사이로 발전할 수 있기 때문이다.

하지만 이때 명심할 것이 있다. 개인이 자신에 대한 신뢰를 잃으면, 그는 타인에게서 분리되었다고 착각하게 된다. 그 순간 나를 둘러싼 모든 것이 나를 포위해 들어온다. 이래서 현대인의 자아를 '포위된 자아'라고 이야기한다. 분리된 관계는 자아를 짓누르고, 자아는 성숙하지 못하고 결국 자신을 방어하는 요새에 그치고 만다.

진정한 의미의 개인이라면 다른 사람과 관계를 맺을 때도 압박감을 느끼지 않고 자유로워진다. 그런데 자기 자신에 대한 신뢰가 없다면 마치 요새를 들고 다니는 개별적 개체가 된 것처럼 오히려 더 큰 짐을 짊어지게 된다. 그러다 보니 다른 사람에게 다가가는 것이 힘들어진다. 전통과 관습으로 얽혀 있는 사회적 관계에서는 해방되었지만, 자신의 삶과 관계를 스스로 결정하는 독립적이고 자주적인 개인은 아직 탄생하지 않은 것이다. 이런 점에서 자신에게 고통받는 병리적인 현상으로서 개인은 사실상 포위된 자아라고 볼 수 있다.

21세기의 핵심적 특징이 개인화라는 사실은 부인할 수 없다. 개인화는 우리의 삶에 긍정적일 수도, 부정적 영향을 미칠 수도 있다. 개인화는 '자아로의 축소'와 '자아로부터의 확대'의 두 방향으로 이루어질 수 있기 때문이다.

수많은 사회적 관계에서 개인과 자아로 점점 좁아지는 방향이 있는가 하면 나에게서 시작해서 범위를 점차 확장

해가는 과정도 있을 수 있다. 전자는 가장 먼저 개인으로 우뚝 서야 한다. 그것이 결과적으로는 자아로의 방어적 축소다. 그러기 위해서는 내가 통제할 수 없는 외부환경은 무엇인지, 나와 외부환경과의 경계는 어디쯤인지 스스로 결정할 수 있어야 한다.

누구나 한 번쯤 이런 생각을 해본 적이 있을 것이다. '나는 A와 정말 친한 친구지만, A가 어떤 선을 넘으면 물리적으로만 가깝고 심리적으로는 더 이상 친구라고 할 수 없어.' 이는 자아가 끊임없이 자신을 둘러싼 환경과 경계를 설정한다는 뜻이다. 이 경계는 매번 끊임없이 커졌다가 작아졌다가 분명해졌다가 흐릿해진다. 그러면 자아는 어떤 부담과 과제를 안고 살아갈까? 끊임없이 경계선을 새롭게 설정하면서 평형을 이루어야 하는 정서적 긴장 상태에 빠지게 된다.

그렇기 때문에 우리를 압박하고 위협하는 스트레스 상황에서 심리적으로 생존하기 위해서는 '미니멀 자아minimal self'가 필요하다. "포위된 상태에서 자아는 다양성에 대항하여 무장한 방어적인 핵으로 수축한다. 정서적 균형은 미니멀 자아를 요구한다."[10] 미니멀리즘이라는 개념이 나를 둘러싼 환경을 최소한의 상태로 디자인하고 꾸미는 것을 뜻하는 것처럼 우리에게는 현대사회에서 살아남기 위해 미니멀 자아가 필요할지도 모른다.

나에 대한 신뢰를
어떻게 회복할 것인가

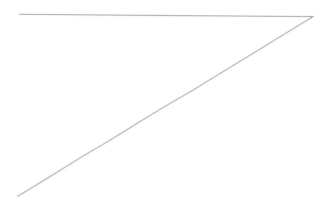

　미래에 대한 불안이 만연한 사회에서 개인은 자신을 어떻게 사랑할 수 있을까? 지금까지 자아를 압박했던 수많은 스트레스 상황에서 건강한 자아를 만들려면 먼저 스스로에 대한 믿음, 자신감이 있어야 한다. 그래야 감정이 막다른 골목에 몰리더라도 언제든 자아가 보호막의 역할을 해줄 수 있다. 이것이 바로 기초적 신뢰다.

　강연할 때 학생들, 특히 신입생들을 보면 자신감이 뚝 떨어진 경우가 많다. 지금껏 수많은 시험을 전쟁처럼 치르며 힘들게 올라오다 보니 대학에 입학한 후에도 자신감이 바닥을 치는 것이다. 그럴 때는 이런 말을 해준다. "네가 다른 사람들에게 사랑받기를 원해? 그렇다면 먼저 자기 자신을 사랑해. 네가 다른 사람의 신뢰를 얻기를 원해? 그러려면 무엇보다 너 자신에 대한 믿음이 필요해."

물론 이 말조차 사치처럼 들릴 정도로 현실의 압박은 상상을 초월한다. 20세기 말의 IMF 외환위기와 21세기 초의 금융위기를 겪으면서 믿을 수 있는 것은 결국 자기 자신밖에 없다는 것을 깨달았지만, 자기 자신조차 믿을 수 없다는 인식이 점점 더 강해지면 어떤 상황이 펼쳐지겠는가?[11]

후기 자본주의 사회는 경제적 성장과 경쟁력은 매우 강조하면서도 개인의 삶은 별로 배려하지 않으며 끊임없이 자기 검증을 하도록 강요한다. '당신은 경쟁력이 있습니까? 당신은 신뢰받을 자격이 있습니까?' 이런 관심이 자기 자신을 향할 때마다 방해물이 끊임없이 나타난다. 특히 현대 사회에는 '근본적 의심'이 일상화되어 있다. '내가 믿는 가치가 정말 믿을 만할까?', '내가 관계를 맺으려는 저 사람은 정말 믿을 만한 사람일까?'라는 불신이 팽배하다. 이런 기초적 신뢰가 취약하면 목표를 이루는 과정에서 생기는 조그마한 외부의 위협과 위험도 쉽게 참아내지 못한다.

나이 든 사람은 젊은이를 향해서 왜 이렇게 인내심이 없냐고 불만을 토로하지만, 기성세대는 사회가 변했고 지금도 변화하고 있다는 사실을 외면하고 있을 뿐이다. 청년 세대를 염려하고 걱정하는 것처럼 보이지만 실제로는 일자리와 사회적 지위, 권력과 명예를 독점하고 있는 기성세대는 청년 세대의 문제에 눈을 감고 있다.

끝없이 노력해도 불안할 수밖에 없는 세대의 존재는 위태롭다. 젊은 세대는 늘 불안한 미래를 어떻게든 헤쳐나가기 위해 신뢰를 회복하려고 노력하는데 바깥에는 이것을 무너뜨리는 수많은 위협이 도사리고 있다. 밀레니얼들이 개인으로서 권리를 요구하고 쟁취하는 모습보다는 "겁을 먹고 움츠러들도록 길들여진 상태"[12]를 보이는 것은 바로 이 때문이다.

그러다 보니 오늘날에는 '우리는 어떻게 존재론적으로 안전할 수 있는가'라는 질문이 제기된다. 인간의 역사에서 존재 자체가 문제가 됐던 시대는 별로 없었다. 20세기 중반에 시대를 풍미했던 실존주의부터 오늘날에 이르는 약 100여 년만이 존재나 실존을 문제 삼는다. 이런 의미에서 현대의 개인주의는 '생존 개인주의'다. 여기에서 말하는 생존이란 과거처럼 물리적으로 어떻게 살아남을 것인가가 아니라 '어떻게 자아를 형성하고 중심을 잡을 수 있을 것인가' 하는 심리적 생존이다. 자신의 정체성이 언제든지 분열되고 무너질 수 있다는 개인적 붕괴의 위험이 생존이라는 냉혹한 분위기를 조성한다.

오늘날 수많은 사람이 자아라는 말을 아주 쉽게 입에 올리지만, 자아를 형성하고 유지하는 일은 결코 쉽지 않다. 자아는 외부 세계와의 지속적인 대결과 투쟁으로 구축된다. 현대인들이 자아라는 말을 이렇게 빈번하게 입에 올리는 까닭은 누구도 그게 무엇인지 제대로 모르기 때문이다. 어떤 낱말을 입에 올리면 올릴수록, 역설적으로 그 일은 쉽게 이루어지지 않는다.

자아는 삶의 자원인 근원적 관계에서 분리되어 원초적인 상태로 되돌아가기 위해 투쟁할 때 비로소 성취된다. 우리는 모두 가정과 가족의 친밀한 관계에서 벗어나 거친 사회와 대결하면서 새로운 정체성을 획득한다. 그러나 이러한 분리 과정을 극복할 수 있도록 도와주는 사회적 제도와 문화가 없거나 약하다면, 자아는 깨지기 쉬운 유약한 상태를 벗어나지 못한다. 그런 의미에서 현대인의 자아는 영어로 표현하면 '깨지기 쉬운 자아fragile self'다. 그러니까 오늘날의 개인들은 존재론적으로 상당히 불안한 형태의 자아를 갖고 있다.

현대사회는 끊임없이 변하는 속도의 시대다. 우리가 사는 지금은 어제와는 완전히 다르고, 내일도 오늘과 같으리라는 보장은 없다. 학생들에게 5년, 10년 뒤 너의 모습이 어떨지 그려보라고 말하면 코웃음을 친다. 내일, 다음 주, 내년의 상황도 알 수 없고 급변하는 환경에 맞게 적응할 능력을 갖췄는지도 모르겠는데, 그 이후를 생각하는 게 당혹스럽다는 뜻이 담긴 웃음이다. 따라서 변화에 대한 적응은 항상 지체 현상이 일어난다.

환경이 바뀌는 속도보다 내가 발전하는 속도가 더 느리면 심리적으로 불안해지기 마련이다. 이럴 때는 위협을 막고자 하는 자기보호본능이 작동한다. 그래서 현대인들은 항상 심리적으로 긴장 상태에 있다. 조금만 자극을 받아도 금방 터질 것 같은 흥분 상태에 있다고 해도 과언이 아니다. 니체는 이러한 상태를 허무주의적 데카당스, 즉 문화적 퇴폐의 증상이라고 생각했다. 자극에 대한 저항력을 상실한 '극단적 과민'[13]이 데카당스다. 우리가 사소한 일에도 극도로 흥분한다는 것은 어느 것도 의지할 수 없기 때문이다. 급속도로 변하는 외부의 환경을 통제할 수 없어서 생겨나는 개인의 정서 불안 때문에 진정한 개인은 만들어지기가 어렵다.

그렇다면 우리는 어떻게 자신을 사랑할 수 있을까? 외부 세계로부터 완전히 단절되어야 할까? 〈나는 자연인이다〉라는 프로그램에 나오는 출연자들처럼 산사나 사람이 없는 자연으로 은둔하거나 도피하는 방법이 최선일까? 이런 형태는 에리히 프롬Erich Fromm이 이야기한 '자유로부터의 도피'다. 우리가 개인이 되려면 원초적 유대에서 벗어나 자유와 독립을 추구해야 하지만, 이런 개체화 과정에 필연적으로 수반되는 고독을 극복하지 못하면 우리는 자유로부터 도피하게 된다. 자신의 개성을 포기하고 외부 세계에 완전히 잠겨서 고독감과 무력감을 극복하고 싶어 하거나, 다른 한편으로는 외부 세계와 새로운 관계 맺기를 포기하고 자신 속으로 가라앉는다.[14]

이를 우리의 주제와 연관해보면 나는 자아가 없다는 주장과 다를 바 없다. 우리는 자기를 찾기 위해 타인들로부터 점점 분리되어야 할까? 아니면 나의 개성을 유지하고 정체성을 뚜렷하게 형성함으로써 타인과 관계를 맺고 현실 세계에 적극적으로 참여해야 할까? 이것이 우리에게 던져진 딜레마다.

우리는 자신의 삶과 자기 자신을 사랑하는가? 이런 질문에 대해 우리가 발견한 하나의 진실은 허무주의가 21세기를 사는 우리의 삶 깊숙이 들어왔다는 사실이다. 어느 것을 선택해도 확실하지 않은 허무주의 시대에 개인은 행복과 해방감보다는 수많은 고통과 시련을 겪고 있다.

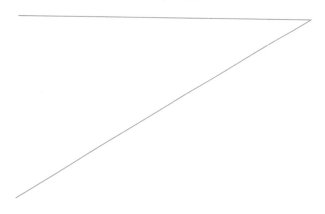

허무주의 시대를
살아간다는 것

유구한 인간의 역사에서 전통사회는 큰 변화 없이 오랜 시간 이어졌다. 그 속에서는 자신의 정당성을 주장하거나 나를 증명할 필요가 없었다. 반면 모더니티modernity, 현대성의 관점에서는 내가 어떻게 과거 전통 규범과 구분되는 존재인지, 어떤 점에서 나 자신이라고 말할 수 있는지 증명하도록 외부 세계에서 끊임없이 요구받는다.

그런 점에서 현대는 참으로 기이하다. 전통사회와 구분되며 미래를 향해 열려 있고 '새로운 것'을 스스로 생산해야 하는 시대다. 현대는 시대적 방향과 기준을 다른 시대

의 모범들로부터 빌려올 수 없다. 현대는 자신의 정체성을 스스로 창조해야만 한다.[15]

그렇기 때문에 현대인에게는 자신의 자아정체성을 스스로 창조해야 하는 시대적 숙명이 있다. 전통사회에서는 표면적 차이와는 상관없이 내가 다른 사람들과 어떤 공통점을 갖고 있는가가 중요했다면, 현대사회에서는 자신이 어떻게 타인과 구별되는가를 보여주어야 한다. 어떤 시대도 현대처럼 개인에게 자신의 정체성과 정당성을 요구한 적은 없었다. 오늘날 현대인은 어디에서나 '너는 누구인가?'라는 질문을 받고 있고, 이 질문에 답해야 한다.

그렇다면 현대사회가 끊임없이 요구하는 자아정체성은 왜 발견하기 어렵고 성취하기 힘든 것일까? 한번 정체성이 형성되었다고 해서 끊임없이 지속되는 것이 아니기 때문이다. 자아정체성, 영어로 '셀프 아이덴티티self-identity'는 계속해서 변화하는 동적인 성격을 띤다. 주변 상황이 달라진다면 나도 그에 맞춰 시시각각 달라지며 새로운 나를 만들어야 한다. 이처럼 무거운 과제에 시달리는 현대인들은 일상이 괴롭고 고통스럽다. 21세기 질병이 대부분 신경성 질환인 이유가 여기에 있다.

신경성 질환은 독일어로 노이로제neurose, 영어로 뉴로시스neurosis라고 하는데, 정신이 계속해서 긴장 상태에 놓이면서 나타나는 부정적 현상을 일컫는다. 그중에서도 현대인이 겪는 3대 신경성 질환으로는 우울증, 불안증, 공포증을 꼽을 수 있다. 이것이 주의력결핍 과잉행동장애ADHD를 일으키기도 하고, 경계선 성격장애를 유발하기도 하고, 번아웃burn-out이라고 불리는 소진 증후군으로 나타나기도 한다. 평상시 겸손하고 착해서 다른 사람에게 해를 끼치지 않는 사람이 갑자기 분노하면서 이상한 행동을 보이는 분노조절장애도 있다. 수십 년 전까지만 해도 잘 들어보지 못했지만 21세기 들어서 보편화된 질환들이다.

라쉬의 말처럼 우리 사회의 병리적 성격을 과장된 형식으로 표현하고 있는 현대의 고유한 질병은 신경성 질환이다. 앞서 21세기의 질병은 과잉으로부터 온다고 이야기했다. 스스로 자아를 지나치게 주장하다 보면 끊임없이 외부 환경과 충돌할 수밖에 없고 심리적으로 긴장 상태에 놓이기 때문에 결과적으로 성격장애, 인격장애와 같은 정신적 증상이 나타난다. 물론 신경증은 정신질환이 아니다. 예컨대 대표적인 정신질환인 정신분열증을 겪으면 환청과 망상 같은 증상이 나타나지만, 신경증을 겪는다고 이런 일이 일어나지는 않는다. 다만 현대인 모두가 긴장에 노출된 채로 살면서 불안하다는 것은 부정할 수 없다.

이런 맥락에서 자아라는 낱말을 지나치게 많이 입에 올리는 것은 일종의 '자아병'이다. 자아라는 개념 자체에는 긍정적인 가치가 담겨 있지만, 긍정성의 과잉은 심리적 질병을 유발한다. 세계적인 역사학자 유발 하라리Yuval Harari는 『호모 데우스』에서 이렇게 말했다.[16]

> 21세기 초를 살아가는 보통 사람들은 가뭄, 에볼라, 알카에다의 공격으로 죽기보다 맥도날드에서 폭식해서 죽을 확률이 훨씬 높다.

너무 많이 먹어서 죽은 사람이 못 먹어서 죽는 사람보다 많은 것은 역사상 처음 있는 일이다. 영양분은 인간이 물리적으로 생존하는 데 가장 필요한 에너지원이지만 지나치게 섭취하면 병이 된다.

자아도 영양분과 마찬가지다. 프랑스의 철학자 장 보드리야르Jean Baudrillard는 "같은 것에 의존해서 사는 자는 같은 것으로 인해 죽는다"[17]고 말했다. 자아를 탐구하는 데 지나치게 몰입하면 결과적으로는 자아병으로 인해 삶을 파괴할 수도 있다는 이야기다. 유발 하라리의 말을 바꾸어 표현하면, 21세기를 살아가는 사람들은 외부의 공격으로 죽기보다 자기 자신에 빠져 죽을 확률이 훨씬 높다.

현대인은 적이 없는 자아와 전쟁을 치르고 있다고 해도 과언이 아니다. 아무리 긍정적인 가치라고 해도 과잉 상태가 되면 내부에서 싸움을 치를 수밖에 없다. 이것은 일종의 '긍정성의 폭력' 또는 '내재성의 테러'다. 즉, 자아정체성의 전쟁터는 내 안에 숨어 있다. '아, 나는 오늘 정말 제대로 살았는가? 타인과의 관계에서 적절한 관계를 유지했는가? 이 상황에서 왜 이렇게 행동하지 못하고 다르게 했을까?' 등을 끊임없이 검열한다. 바깥에는 아무런 전쟁도, 갈등도 없는데 자신과 갈등하고 반목한다.

전통사회에서는 인간을 억누르는 짐이 너무나 많았다. 한집에 삼대가 넘는 가족이 살면서 전통이라는 가치에 시달리기도 했고, 조부모나 부모와의 관계에서 부담이 더해지기도 했다. 관습, 규범, 예절 등 마땅히 지켜야 할 일도 적지 않았다. 이제 이런 것은 다 사라지고 현세대는 과거와의 관계에서 해방되었다. 그래서 우리가 한없이 가볍고 자유로운 존재가 되었을까? 아니다. 우리는 자아라는 엄청난 바윗덩어리를 등에 지고 끊임없이 자아를 찾기 위해 언덕을 오르는 시시포스처럼 살고 있다.

2012년에 출간된 재독 철학자 한병철의 저서 『피로사회』는 대한민국에 신선한 충격을 안겨줬다. 『피로사회』에서는 나를 착취하는 자가 외부에 있는 어떤 대상이 아니라 자기 자신일 수도 있다는 것을 깨닫게 한다. 사회는 우리에게 이런 메시지를 주입한다. "네가 하고 싶은 것은 열심히 하면 뭐든지 이룰 수 있어. 원하는 직업이 판사, 변호사야? 디자이너, 예술가야? 당연히 될 수 있지." 이렇게 내가 원하고 노력하기만 하면 무엇이든 가능하다고 이야기하지만, 정작 이 시대를 사는 사람들은 알고 있다. 노력만으로는 얻을 수 있는 게 많지 않다는 사실을.

또 이런 메시지도 있다. "너한테 강요하는 사람 아무도 없잖아. 네가 스스로 모든 일을 결정해야 해." 어디서 많이 들어본 말 아닌가? 이런 사회에서 살아가고 있는 개인들은 체험적으로, 경험적으로 모든 것은 이미 결정되어 있다는 사실을 잘 안다. 이것이 전통과 권위주의가 해체되었는데

도 불구하고 개인이 자유롭지 않은 이유다. 한병철은 『피로사회』에서 이렇게 이야기한다.[18]

> 과다한 노동과 성과는 자기 착취로까지 치닫는다. 자기 착취는 자유롭다는 느낌을 동반하기 때문에 타자의 착취보다 더 효율적이다. 착취자는 동시에 피착취자이다. 가해자와 피해자는 더 이상 분리되지 않는다.

우리는 스스로 모든 것을 결정한다고 생각하면서도 실제로는 이미 사회적·제도적으로 결정된 것을 수행할 뿐이고, 모든 것이 가능하다고 생각하지만 실제로는 아무것도 가능하지 않은 사회에서 자유라는 허상에 빠져서 자기 자신을 끊임없이 착취하며 살고 있다.

이제 오늘날 자아정체성을 실현하고자 하는 현대인들이 어떤 고통과 시련을 겪는지 조금 분명해졌다. 영국의 사회학자 앤서니 기든스Anthony Giddens의 말을 살펴보자.[19]

> 자아의 성찰적 기획에서 자아정체성의 서사는 본질적으로 연약하다. 독특한 정체성을 형성하는 과제는 독특한

심리적 이득을 가져다줄 수도 있지만 분명히 짐이 되는 것이기도 하다. 일상생활 경험의 변화와 현대적 제도의 분절화 경향에도 불구하고 하나의 자아정체성이 창조되어 끊임없이 재형성되어야 하기 때문이다.

한번 성취된 자아정체성이 어느 정도 지속 가능하다면, 오늘날 우리가 겪는 고통을 겪지 않을 수도 있다. 그런데 그렇지 않다. 시대가 변하고 사회가 흔들릴 때마다 자기 자신 역시 재정립하고 새로운 자아를 만들어야 한다.

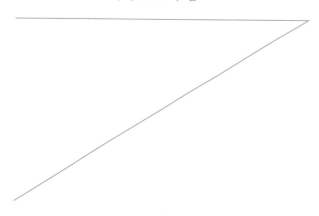

확실한 날갯짓을 만들어내는
자기 보호의 힘

현대가 새로운 시대인 것처럼 현대의 개인은 새로운 종류의 인간이다. 전통적 문화에서 '개인'은 존재하지 않았다. 그 당시에는 가계, 사회적 지위와 같이 정체성과 관련된 속성들은 대체로 고정되어 있었고, 오늘날 숭배되는 '개성'은 칭찬받지 못했다. 현대사회가 출현하면서 이 모든 것이 정반대로 뒤바꼈다. 자아는 이제 개인이 책임져야 할 기획이 되었다. 기든스가 정확하게 짚고 있는 것처럼 "우리는 지금 존재하고 있는 우리가 아니라 우리 스스로에 대해 창조하는 우리이다".[20] 우리는 우연히 존재하는 자기 자신에

만족하지 못한다. 반드시 무언가가 되어야만 한다. 그러나 전통과 관계로부터의 단절, 자기 자신에 대한 신뢰 회복의 문제 등으로 현대사회가 요구하는 '자기 창조'의 기획에는 어려움이 따른다.

의심이 보편화되고 미래가 열려 있는 현대사회에서 미래는 불확실하다. 이런 상황에서 자아정체성을 만드는 것은 마치 리스크를 감수하고 미래에 투자하는 것과 같다. 만들어져야 하는 자아는 결코 안정된 자아가 아니다. 우리에게 닥칠 수 있는 위험 요소를 아무리 정확하게 계산한다고 해도 우리는 어느 정도의 위험을 떠안아야 한다. 위험을 인정하는 순간 우리는 동시에 '일이 잘못될 수 있음'을 인정할 수밖에 없다. 자신에 대한 기초적 신뢰가 튼튼하다면, 설령 일이 잘못되더라도 우리는 이를 극복하고 건강한 자아를 발전시킨다. 현대적 자아의 발전 과정에는 이렇게 해결해야 할 딜레마가 널려 있다.[21]

첫 번째 딜레마는 '통일인가, 분열인가?'이다. 현대사회는 고도로 분열된 복합적인 형태를 띠며 한 사람이 다양한 역할을 담당한다. 집에서는 책임감 있는 가장으로, 직장에서는 주어진 과제를 수행하는 팀원으로, 사회에서는 깨어 있는 민주 시민으로 살아간다. 누구나 멀티태스킹하듯 이 이 모든 과제를 성공적으로 수행해야 한다. 각각의 사람은 역할에 따라 여러 갈래로 흩어진 이야기를 하나의 서사로 묶어야 한다. 그래야 비로소 내가 드러날 수 있다. 이 수많은 서사를 결합할 수 있는 역량이 있느냐 없느냐에 따라 자아를 형성하는 데 성공하느냐 실패하느냐가 결정된다. 이것을 연결할 수 있는 능력이 없으면 자아는 역할별로 분열되고 만다.

자아가 겪는 두 번째 딜레마는 '권위인가, 불확실성인가'이다. 현시대에는 어떤 결정적 권위도 존재하지 않는다. 부모의 권위는 오래전에 사라졌고, 개별화된 인간은 무슨 일이든 스스로 결정해야 하는 위치에 놓였다. 그러나 선택의 자유에는 불확실성이 따라온다. 내가 A를 선택했을 때 내일 어떤 결과가 초래될지 누구도 자신 있게 예측하지 못한다. 과거에는 종교, 가족, 관습과 같은 마땅히 따라야 하는 포괄적 권위 체계가 있었다. 어려운 상황에 부딪혔을 때 부모의 말을 따르기만 하면 심리적인 안정감을 느낄 수 있었다. 하지만 현대사회에서는 부모의 말만 따랐다가는 자아가 없다는 질책을 받기 쉽다. 그러다 보니 현대인들은 끊임없이 의심한다.

권위주의가 사라진 자리에는 무엇도 신뢰하지 않는 반권위주의가 들어섰다. 자신이 선택하고, 추진하고, 지금 하는 것만을 믿는다. 그러다 보니 자기중심적으로 사고하는 편집증적인 경향이 생겨났다. 자기 선택을 따르는 사람은 미래에 내가 원하는 대로 되지 않을 수 있다는 불확실성을 감당해야 한다. 그러지 못하면 또다시 권위로 도피하게 된다. 따라서 개인은 '권위가 존재하지 않는 불확실한 상황에서 어떻게 자신의 권위를 확보할 수 있는가?' 하는 어려운 숙제에 직면하게 된다.

자아가 겪는 세 번째 딜레마는 '개성인가, 유행인가'이다. 상품 자본주의 사회에서 소비 유형은 상당히 표준화되었다. 원하는 상품은 언제든 시장에서 구입할 수 있다. 선택의 자유는 자기표현의 영역을 넓혔고, 패션은 일차적인 자기표현의 수단이 되었다.

유행이란 어떻게 발전할까? 독일의 사회학자인 게오르크 지멜Georg Simmel은 '유행에 두 가지 특성이 있다'고 말한다.22 먼저 타인과 구별되기 위한 차별화 경향이 아주 강해지면 유행이 발생하지만, 너무 튀면 오히려 심리적으로 불안해진다. 그래서 다른 한편으로는 타인의 취향을 좇는 동질화 경향이 강해질 때 유행이 발생한다.

유행은 차별화의 경향과 동질화의 경향이 만들어낸 아주 독특한 문화 현상이다. 그렇지만 잘 들여다보면 그 안에서 개성을 발휘하기는 쉽지 않다. 현대인들이 자신을 표현하기 위해 구입하는 상품은 대개 마케팅으로 조작된 산물이다. 한발 더 나아가 요즘에는 인공지능까지 발달해서 '좋아요'를 누른 데이터를 바탕으로 취향이 해킹당하고 내가 아는 것보다 더 정확하게 내 생각을 간파당한다. 결국 현대적 개인은 표준화된 사회에서 개성을 발전해나가기 더욱 어려워진다.

폴란드의 사회학자 지그문트 바우만Zygmund Baumann은 이렇게 말했다.

개인적 자율성, 자기 정의, 진정한 삶, 또는 개인적 완성이라는 개인적 욕구들은 모두 시장이 제공하는 재화를 소유하고 소비하려는 욕구로 뒤바뀐다. (…) 시장은 자신이 낳는 불행을 먹고 산다. 시장이 부추기는 개인적 불충분함에 대한 공포, 불안, 고통은 시장의 영속에 필수 불가결

한 소비자 행동을 풀어놓는다.23

우리는 개성을 표현하기 위해 소비하지만 욕구와 욕망
은 표준화되었기 때문에 자본주의적인 소비 행위로 결국
자아를 잃었다. 이것이 현대인의 자아가 겪는 시련이다.

그러면 우리는 어떻게 자기를 사랑하는 개인이 될 수 있
을까? 이 말은 '불확실한 미래, 수많은 불협화를 얼마나 견
뎌낼 수 있는가?' 하는 질문으로 이어진다. 현대사회를 구
성하는 세 가지 특징은 바로 다양성, 불확실성, 시장의 압
박이다. 이것을 견뎌내지 못하면 결국 시장에 의해 표준화
될 수밖에 없다. 니체는 이렇게 말했다. "어떤 정신이 얼마
나 많은 진리를 견뎌내는가? 얼마나 많은 진리를 감행하는
가? 이것이 나에게는 점점 진정한 가치 기준이 되었다."24

신이 죽은 시대에 범람하는 다양한 진리들이 하나의 절
대적 진리로 환원될 수 없다면, 진리를 견뎌낸다는 것은 그
사이의 모순을 견뎌낸다는 뜻일 것이다. 우리가 마지막 인
간이 될 것인지 아니면 초인이 될 것인지는 우리가 얼마나
많은 모순을 내면에서 견뎌낼 수 있는가에 달려 있다. 그러
기에 니체의 차라투스트라는 "춤추는 별을 낳으려면 자신

의 내면에 혼돈을 지니고 있어야 한다"[25]고 하지 않는가.

자아의 딜레마를 해결하는 일은 쉽지 않다. 어느 하나를 선택함으로써 발생하는 기회비용이 크기 때문이다. 통일을 지나치게 추구하면 다원성을 포용하지 못한다. 현대 사회의 다원주의적 환경에서 개인들은 서로 다른 복합적인 만남으로 정체성을 형성하는데, 한 만남을 떠나 다른 만남으로 들어가면 그 상황에 요구되는 새로운 모습을 보여줘야 한다. 그렇지만 상황에 따라 카멜레온처럼 변화하는 복수의 자아들이 하나의 성격으로 연결되지 않으면, 개인은 단지 '허위자아들pseudo-selves'을 연출하는 것으로 보일 뿐이다.

진정한 자아란 자신을 성찰하면서 동시에 그 사실을 언어와 행위로 다른 사람에게 보여주는 사람이다. 우리가 권위에의 복종을 노예적이라고 단죄하려면 권위의 파괴로 야기되는 불확실성을 감수해야 한다. 마찬가지로 시장의 영향력에서 벗어나 개인의 개성을 추구하는 것은 쉽지 않다. 자아를 성찰하는 기획이 필연적으로 시장의 영향력에 대한 투쟁이기는 하지만, 라이프스타일뿐만 아니라 자아 실현도 시장 기준에 따라 상품화되는 현실에서 시장을 포기하기란 쉽지 않다.

자아의 딜레마를 극복하기 위해 무엇보다 필요한 것이 바로 자신에 대한 기초적 신뢰다. 미래를 향해 질주하는 우리 사회가 위험을 더 많이 감수할수록, 우리에게는 더욱 커다란 신뢰가 필요하다. 우리에게 강요되는 '자기 찾기'를 성공적으로 완수하려면, 우리는 변화하는 환경 속에서도 중심을 잡을 수 있도록 자기 자신을 더욱 신뢰해야 한다. 유아와 부모 사이에 확립된 신뢰가 성장하면서 부딪히게 되는 잠재적 위협과 위해를 차단하는 보호벽이 되는 것처럼, 자기 자신에 대한 신뢰는 현실의 고난과 장애에 계속해서 부닥치는 자아를 보호해주는 기초적인 '보호 고치protective cocoon'26다.

급격하게 변화하는 사회에서 우리에게는 자신을 보호할 장치가 필요하다. 누에고치처럼 자아를 안전하게 감쌀 수 있는 보호막은 과연 존재하는가? 자기를 보호하기 위한 고치는 역설적으로 외부의 갈등을 감당하지 못하고 자아를 봉쇄하는 벽이 되기도 한다. 우리가 외부의 변화에 대한 통제력을 얻기 위해서는 외부 세계에서 후퇴하는 것이 아니라 오히려 참여해야 한다. 자아의 보호 고치는 오직 자아의 변신을 위한 것이어야 한다. 누에가 고치를 깨고 아름다운 나비로 재탄생해 휘황찬란하게 날갯짓하듯 우리에게도 한 발 더 도약하기 위한 보호 고치가 필요할 뿐이다. 어떤 안전장치도 존재하지 않는 현대사회에서는 그것만이 자신에 대한 신뢰와 사랑이다.

우리는 자신이 연출한 삶에서

가면을 쓴 배우가 되어야 한다.

당신은 나를 드러내고 있습니까?

진심보다
겉치레가 중요해진 사회

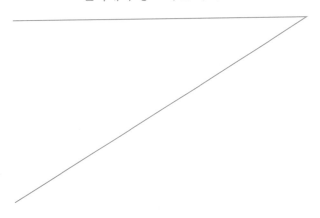

현대사회에는 사회를 구성하는 개개인의 수만큼이나 다양한 개성이 존재한다. 이것은 개인이 창조하기도 하지만 개성을 요구하는 사회에 의해 만들어지기도 한다. 수십 년 전까지만 해도 자신의 특징을 숨기고 드러내지 않는 것이 미덕이었지만 한 명, 한 명이 브랜드가 된 지금은 솔직한 자기표현이 무엇보다 중요해졌다.

물론 전통사회에서도 얼굴은 인격의 거울로 여겨졌다. 링컨은 "나이 사십이 되면 자기의 얼굴에 책임을 져야 한다"고 말했고, 조지 오웰은 "오십 세가 되면 사람의 얼굴에는 살아온 인생과 성품이 드러난다"고 말했다. 옛날 사람들은 삶에서 형성된 내면의 모습이 밖으로 나타난다고 생각했다. 링컨이 말하는 사십이든 조지 오웰이 생각하는 오십이든, 이제까지 어떻게 살아왔는가에 따라 그에 합당한 얼굴을 갖게 된다는 것이다.

현대로 들어서면서 내면과 외면, 속과 겉의 관계가 전도되었다. 내면이 좋은 것으로 가득하면 밖으로 좋게 나타난다는 말은 글자 그대로 옛말이 되었다. 현대인들은 다른 사람의 본심은커녕 자신의 마음도 잘 모른다. 그러다 보니 겉으로 드러나는 것에 더 신경을 쓰게 되었다. 속마음은 착한데 겉으로만 무뚝뚝하다는 말은 그야말로 헛소리인데, 본심이 정말 착한지는 보이는 것으로만 알 수 있기 때문이다. 표현하지 않으면 알 길이 없다. 이렇게 외면은 내면에 우선한다.

사람들은 서로 구별되는 다른 존재이므로 모든 인간은 자신을 드러내고자 한다. 식욕, 성욕과 같은 기본적인 욕구도 각자 느끼고 표현하는 방법이 다르다. 어떤 사람은 끼니를 걸러도 배고픔을 덜 느끼지만, 어떤 사람은 일정한 시간에 식사하지 않으면 참지 못한다. 이 두 사람이 함께 여행

한다고 상상해보라. 자신의 감정, 상태, 의견을 제대로 표현하지 않았을 때, 여행은 엉망이 될 것이다. 인간만이 갈증과 배고픔, 애정과 증오, 불안과 두려움 같은 단순한 감정뿐 아니라 자신의 존재를 다른 사람에게 전달할 수 있다. 오직 인간만이 자신을 다른 사람과 구별하고, 이 차이를 표현할 수 있다. 한나 아렌트Hannah Arendt가 강조하는 것처럼 "말과 행위는 이 유일한 차이를 드러낸다. 사람은 말과 행위를 통해 다른 사람과 자신을 구분한다".[1]

말과 행위를 통한 자기표현, 이것은 현대인의 사회적 본성이 되었다. 내가 본래 어떤 존재인가는 중요하지 않다. 중요한 것은 다른 사람에게 비친 나의 모습이다. 여기서 타인은 나의 모습을 볼 수 있는 거울이다. 우리가 말과 행위로 인간 세계에 참여할 때, 세계는 우리에게 이렇게 묻는다. '너는 누구인가?' 우리는 매순간 이 물음에 답하기 위해 자신을 드러내야 한다. 우리가 어떤 행위를 하든 근본적으로는 자기 이미지를 드러내는 것을 의도한다. 자신을 드러내지 못하는 행위는 엄밀한 의미에서 행위가 아니다.

그렇다면 여기에서 한 가지 질문을 던져보자. 개인은 어떻게 자기 자신을 표현할 수 있을까? 자기 노출은 과연 자기표현일까? 자신을 인식하는 방향이 외부에서 내부로 바뀌는 교착 현상을 설명하기 위해 두 명의 학자가 말한 재미있는 이론을 소개하려고 한다.

한 사람은 프랑스의 대표적인 실존주의 철학자 장 폴 사르트르Jean Paul Sartre다. 그는 『실존주의는 휴머니즘이다』에서 "실존은 본질에 우선한다"[2]고 말했다. 본래부터 가지고 있는 사물 자체의 성질을 뜻하는 '본질essence'은 어떤 것을 다른 것이 아니라 바로 그것이게 만드는 것이다. 우리가 누군가에 대해 '그는 어떤 사람인가?'라고 물을 때 '그 무엇what'이라고 정의될 수 있는 성질이 바로 본질이다. 이에 반해 '실존existence'은 어떤 사물이 현재 어떻게 존재하는가의 상태를 뜻한다. 내가 어떤 존재인지 본질을 규정하는 것은 어렵지만, 나의 겉모습이 어떤지, 어떤 생각을 하는지, 무엇을 원하는지는 쉽게 드러난다. 실존의 라틴어 낱말이 '밖에 나와 있다', '밖으로 내놓다', '(로부터) 나오다'의 뜻을 가진 동사 '엑시스테레existere'에서 유래한 것처럼, 실존은 밖으로 드러난 어떤 존재의 능력과 성질이다. 본질이 모든 사람에게 공통으로 주어진 영원불변의 성질이라면, 실존은 사람마다 다른 현재의 특성이다. 내가 어떤 존재이든 지금

특정한 상태로 존재한다는 사실은 부인할 수 없다. 인간은 스스로가 구상하는 무엇이며 또한 스스로가 원하는 무엇일 뿐이다. 따라서 현대인에게는 보편적 본성을 묻지 않는다. 내가 무엇을 원하는지 그리고 어떤 존재이기를 바라는지를 물을 뿐이다. "나는 어떻게 살고 있지? 나는 어떻게 다른 사람과 관계를 맺지?"라는 질문에 답하려면 결국 내면을 성찰할 수밖에 없다. 언뜻 생각해보면 이러한 인식의 전환은 상당히 긍정적이다.

그럼 다른 학자의 주장도 살펴보자. 캐나다의 저명한 사회학자이자 미디어 비평가인 마셜 매클루언Marshall Mcluhan 은 『미디어의 이해』라는 책에서 "미디어는 메시지다"[3]라고 말했다. 무슨 말일까? 미디어는 형식, 메시지는 내용이다. 예컨대 우리가 입는 옷이 미디어라면, 자아는 메시지다. 형식이 곧 내용이라면, 사람들은 누군가의 내면이 아니라 외적으로 보이는 모습에 집중한다는 뜻이다. 결과적으로 다른 사람은 내가 무언가를 표현해야 비로소 나를 인식하게 된다.

이제 막 결혼한 신혼부부를 떠올려보자. 그들은 아침에 일어나 밤에 잠자리에 들 때까지 사랑한다는 말을 입에 달고 산다. 이런 모습이 낯간지럽고 꼭 말로 하지 않아도 된다고 생각하는가? 말로 통하지 않고 마음에서 마음으로 전하는 염화시중拈華示衆의 사랑은 득도한 사람들에게나 가능한 일이다. 보통 사람은 표현하지 않으면 상대방에게 마음을 전할 수 없다. 이제 '사랑한다면 표현하라!'는 현대인의 금언으로, 오늘날 우리가 사는 사회는 자기표현의 시대라고 해도 지나치지 않다.

퍼포먼스 역시 어느 때보다 점점 중요해지고 있다. 셀프 프레젠테이션은 회의 석상에서만 필요한 게 아니다. 사회학자 어빙 고프먼Erving Goffman이 자신의 책 『자아 연출의 사회학』에서 이야기한 것처럼 "개인은 의도적으로든 비의도적으로든 자신을 표현하는 방식으로 행위해야 한다. 타자는 거꾸로 이 행위자에 대한 인상을 얻어야 한다."[4] 과거에는 이심전심이라고 해서 말하지 않아도 다른 사람의 마음을 이해할 수 있다고 생각했다. 그런데 오늘날에는 표현하지 않으면 다른 사람의 마음을 이해할 수도, 인식할 수도 없다고 생각한다.

얼마 전, 미국에서 대선이 치러졌다. 치열한 접전 끝에 조 바이든은 도널드 트럼프를 제치고 미국의 46대 대통령으로 당선되었다. 그의 옆에는 러닝메이트로 뛰었던 카멀라 해리스Kamala Harris라는 여성이 함께 있었다. 2020년 11월 7일, 대선 승리 선언을 할 때 그녀는 실크 소재의 흰색 푸시 보우(목둘레를 묶는 리본) 블라우스와 흰색 정장을 입었다. '서프러제트suffragette'라고 하는 이 정장에는 역사적 맥락이 숨어 있다. 서프러제트란 참정권을 뜻하는 서프러지suffrage라는 단어에 여성을 뜻하는 접미사 −ette가 붙은 단어로, 20세기 초 영국에서 참정권 운동을 벌인 여성들을 가리키는 말이다. 수십 년의 투쟁 끝에 1928년 영국은 여성에게도 투표할 수 있는 권한을 부여했다. 당시 여권운동가들이 입은 흰색 정장은 여성운동의 상징이 되었다.

이러한 문화적·사회적 맥락을 알지 못하면 그저 옷이 예쁘다고 생각하고 넘어갈 수도 있다. 하지만 해리스는 이 옷을 입음으로써 '미국 여성들이여, 사회에 적극적으로 참여하라. 우리는 열심히 싸워서 우리의 권리를 얻을 수 있다'는 메시지를 던졌다. 단지 옷 하나로 말보다 훨씬 더 강렬한 인상을 심어준 것이다.

해리스는 자기표현에 아주 능한 정치인이다. 대선 운동 때도 구두 대신 스니커즈를 신었다. 이런 모습은 전통적인 여성상에서 탈피해 자신의 길을 스스로 개척하는 적극적인 여성이라는 인상을 준다. 혹시 해리스 같은 진취적인 여성으로 보이고 싶은가? 그렇다면 지금 당장 신발 가게로 달려가 스니커즈를 사서 신을 것을 추천한다.

자아정체성과
셀피의 사회학

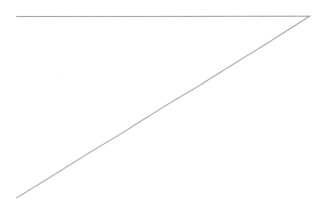

　나를 표현하는 여러 방법 중 '셀피selfie'만큼 현대인의 특징을 가장 잘 나타내는 것도 없다. 우리나라에서는 셀카라고도 하는 셀피는 스마트폰이나 카메라 등으로 자기 자신을 찍는 행위를 말하는 신조어다. 이 단어는 2013년 옥스퍼드 영어사전에 등재되었고 그해에 올해의 단어로 선정되었다. 통계를 보면 2018년 기준 18~34세인 밀레니얼 세대의 82퍼센트가 셀피를 찍어 소셜미디어에 올린다고 한다.5 이쯤 되면 21세기 디지털 시대를 대표하는 행위가 셀피라고 할 수도 있겠다.

셀피는 하나의 문화적 현상이다. 킴 카다시안^{Kim Kardashian}이라는 미국의 셀러브리티는 매일같이 자기 사진을 SNS에 올리며 성적 매력을 어필하고 마케팅으로 활용한다. 그녀는 어떤 사진 아래 이런 글을 남기기도 했다. "You be you and let me be me." 그대로 해석하면 '너는 너고 나는 나니까 마음대로 살게 내버려 둬라'라는 뜻이다. 이것이 아마 오늘날의 개인들이 추구하는 모토가 아닐까? 내가 어떤 옷을 입고 어떤 삶을 살든 '돈 터치 미'.

그렇다면 우리는 왜 셀피를 찍을까? 첫째, 시대가 변했기 때문이다. 다시 말하면 21세기를 선도하는 과학과 기술 매체가 바뀌었다는 것이다. 소셜미디어 기술은 엄청난 속도로 변화하고 있다. 자화상은 이제 예술 세계에서 해방되어 우리의 삶을 규정하는 기술로 발전했다. 예전에는 고흐나 렘브란트 같은 예술가가 아니라면 자화상을 그린다는 것은 꿈도 꾸지 못했지만, 오늘날에는 스마트폰만 있으면 누구나 '자화상의 예술가'가 될 수 있다.

둘째, 자아정체성 작업의 디지털화가 이루어졌다. 셀피는 단지 찍는 데서 끝나지 않고, SNS에 올리고 '좋아요'를 받는 것까지 이어진다. 결과적으로 셀피는 '나는 어떤 사람으로 보이고 싶다'는 인상을 지속해서 드러냄으로써 자아를 구성하는 사회적 행위다. 이런 현상을 경영학적인 개념에 대입하면 인상관리, 즉 '임프레션 매니지먼트Impression Management'라고 볼 수도 있다.

셋째, 셀피는 하나의 문화적 밈meme이 되었다. 앞으로도 누구나 자신을 계속해서 복제하는 행위는 계속해서 유행할 것이다. 앞서 이야기한 것처럼 유행은 차별화의 경향과 동질화의 경향이 맞물려 만들어지는데 자아를 찾고자 하는 사람들은 타인을 따라 하는 역설적인 방식으로 자신을 드러낸다. 그래서 셀피는 긍정적으로 평가받지 못한다.

셀피는 특별한 이벤트를 겪거나 아름다운 장소를 방문할 때 자신의 경험을 다른 사람과 공유하고 싶을 때, 또는 나를 알려 셀러브리티가 되고자 할 때 쓰인다. 이런 의미에서 나르시시즘의 한 형태라고 볼 수도 있다. 나르시시즘은 엄밀한 의미에서 '노출주의exibitionism'로 몇십 년 전까지만 해도 사생활을 철저히 비밀로 부쳤다면, 지금은 반대로 공적인 장소에 기꺼이 스스로 공개한다. 그렇다면 이렇게 노출된 자아가 과연 진정한 자아일까?

이처럼 다른 사람의 눈에 내가 어떻게 보이고, 어떤 인상을 줄 수 있는지 끊임없이 거울에 비춰보고 노출하는 자아를 '거울자아The looking-glass self'6라고 한다. 타인에 대한 나의 모습이 어떨지 상상하고, 내가 어떻게 비춰질까 스스로 판단해보는 것이다. 거울을 보며 '아, 나는 멋있어'라며 끊임없는 자기암시를 하는 현대인들이 겪는 상황이 이렇다. 이런 모습을 보면 과연 자기애가 타인에게 비치는 나의 모습에 대한 사랑인지, 자기의 진정한 모습에 대한 사랑인지는 의문이 남는다.

가면 뒤에 숨겨진
자아의 기술

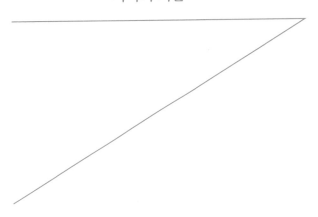

또다시 나르시시즘이라는 단어로 돌아왔다. 자기애, 즉 나르시시즘은 항상 개인주의와 짝을 이룬다. 오늘날 나르시시즘은 병리적 이기주의로 이해되는데, 왜 자기를 사랑하는 것이 이기적이며, 병적인 것일까? 장 자크 루소Jean Jacques Rouseau는 '자기애amour de soi'가 인간 욕망의 기원과 원리라고 주장했다.7

자기 사랑은 모든 동물이 자신의 생존을 걱정하게 하는 자연스러운 감정으로서 '자기 보존'의 개념과 연관된다. 이 점에서 인간과 동물의 차이는 크지 않다. 루소에 따르면 자기애로 드러나는 행위는 다른 사람을 희생시키면서 자신의 이익을 추구하는 것을 포함하지 않기 때문에 항상 선하고 질서에 부합하는 것으로 판단한다. 즉, 자기 사랑이란 자신에 대한 건강한 형태의 책임과 보살핌을 의미하는 원초적 감정이다.

그렇다면 나르시시즘은 언제 타락하는가? 이 문제와 관련해 루소의 말을 좀 더 들어보자. 루소에 따르면 '자기애'와 짝을 이루는 또 다른 원초적 감정이 있는데, 그것은 바로 공감 능력인 '동정pitié'이다. 두 감정이 조화를 이루면, 자기애는 문제가 되지 않는다. 그러나 도덕적 능력이 결여된 사람은 자신의 안위에만 관심을 두기 때문에 동정이 없는 자기애는 '이기심amour propre'과 허영심으로 변질된다. 나르시시즘은 바로 이러한 공감 능력이 없는 자기 사랑이다. 이 말의 실체를 해부해보면서 과연 현대인들이 자기 자신을 사랑할 수 있는지 따져보자.

자기 보존을 위해 필요한 원초적인 나르시시즘과 달리 현대사회의 병리적 나르시시즘은 현대인이 자기 자신 및 다른 사람과 관계를 맺을 때 문제로 나타난다. 라쉬는 자신의 책에서 이렇게 말했다.

나르시시즘은 자기주장이 아니라 자아의 상실을 의미한다. 그것은 분열과 내면의 공허감으로 위협받는 자아를 가리킨다. 혼란을 피하기 위해 내가 나르시시즘의 문화라고 부르는 것은 적어도 현재로서는 생존주의 문화로 특징짓는 것이 더 낫다.[8]

이 부분을 읽으면 조금 혼란스러워진다. 앞서 나르시시즘을 자기 사랑, 자기주장이라고 했는데 라쉬는 자아의 상실이라고 이야기한다. 현대인들은 자아를 찾기 위해 끊임없이 헤매지만, 궁극적으로는 자아를 잃어버리고 오히려 파멸을 맞기 때문이다. 급격하게 바뀌고 통제할 수 없는 현대사회에서 개인들은 항상 심리적 긴장을 느낀다. 이런 상황에서 '나를 어떻게 관리할 것인가'라는 질문은 시시포스의 과제 같은 것이 되고 만다.

만약 나르시시즘이 현대인의 생존 전략이라면, 나르시시즘은 허영심에서 비롯되는 것이 아니라 오히려 내적인 공허감에서 생겨나는 것일지도 모른다. 현대인들이 다양한 형태의 극단적인 어려움에 처했을 때 어떻게 대응하는가를 상상해보라. 선택적 무관심, 타인과의 감정적 분리,

과거의 부정과 미래의 포기, 하루하루를 잘 살겠다는 결의. 오늘날 보통 사람들의 생존 전략은 흥미롭게도 모두 '감정적 자기 관리'에 초점이 맞춰져 있다.

이성적으로 해결되지 않는 많은 문제에 대한 사람들의 대응 방식은 감정적이다. '생각하는 나'와 '느끼는 나' 중에서 어떤 쪽을 더 중시하는지 따져보자. 생각하는 나는 머릿속에서 내가 원하는 자신의 모습을 그려봄으로써 파악할 수 있다. 이성적 사고의 산물은 계획과 구상으로, 영어로는 '콘셉션conception'이다. 생각하지 않으면 아무것도 태어나지 않는다.

그러나 현대인은 느끼는 것을 더 선호하는 듯 보인다. 우리는 오감으로 환경과 외부 세계에 대한 정보를 얻는다. 바깥뿐 아니라 자기 자신과 만나는 가장 원초적인 방식은 '생각'이 아니라 '지각'이다. 지각의 산물을 영어로는 '퍼셉션perception'이라 한다. 그것은 타인이 나에 대해 어떤 감정과 인상을 느끼는지에 반응하는 것을 말한다. 이러다 보니 호수에 비친 자신의 모습을 바라보는 나르키소스처럼 내면에서 진정한 나를 찾기보다는 다른 사람의 눈에 비친 이미지에만 더 집착하게 된다. 끊임없이 자신의 이미지를 갈

고닦는 데 몰두하며 사회 속에서 어떤 역할을 연기한다.

현대사회의 개인은 생각하지 않는다. 물론 그보다는 생각할 겨를이 없다는 것이 더 맞는 말일 것이다. 현대인들이 가장 필요로 하는 것은 살아 있다는 느낌이다. 우리의 삶을 규정하는 패러다임이 이성에서 감정으로, 생각에서 지각으로, 콘셉션에서 퍼셉션으로 전환된 것이다. 그 이유는 현대인들은 환경을 주도적으로 바꿀 수 없다는 것을 인식할수록 외부환경에 무력하게 노출되기 때문이다. 그러다 보면 개인들은 환경을 개척하기보다 환경에 의한 희생자가 될 가능성이 높아진다. 여기에서 강요된 자율성은 타율성으로 바뀐다. 모든 일을 스스로 결정하라고 요구받지만 끝내 혼자서는 아무것도 선택할 수 없게 되면서 결국 시장 논리에 따르는 타율적인 사람이 되는 것이다.

느낌이 중요하다는 것은 언뜻 우리의 내면을 중시하는 것처럼 보인다. 내적 성찰이란 자기의식으로, 무엇을 느끼고 생각하는지 의식할 때 비로소 자기 성찰이 일어난다. 느낌이 어디에서 시작됐는지, 어디로 가는지 의식하지 않고 그 자체에만 집중한다면, 내적 성찰로 이어지지 않는다. 인식의 방향을 내면으로 돌리려는 노력이 실패하는 까닭은 다른 사람의 인상에 신경 쓰는 외부지향적인 삶의 방식 때문이다. 무엇이 외부에서 촉발된 감정인지, 어떤 것이 내면에서 일어난 감정인지를 알려면 자기 성찰이 필요하지만, 현대인은 결국 이를 포기해버린다.

이렇게 현대인은 외부환경의 조그만 변화와 자극에도 민감하게 반응하며 감정적으로 출렁거린다. 이때 외부환경과 자신 사이의 경계를 짓고 스스로 감당할 수 있을 만큼의 균형을 이루지 못하면 계속해서 정체성의 위기를 겪게 된다. 오늘날 수많은 사람이 자기계발서를 찾는 이유가 여기에 있다. 심리적 생존을 위해 자아의 기술이 필요하기 때문이다.

인격personality과 성격character은 '나는 누구인가?'에 대해 오랫동안 대답과 질문을 반복하며 쌓는 건축물처럼 일종의 예술적 양식과 같은 것이다. 건축 양식, 회화 기법, 음악 장르처럼 삶에서 쉽게 변하지 않는 나만의 특성이 바로 인격과 성격이다. 인격을 의미하는 영어 'personality'는 라틴어 페르소나persona에서 온 말로 원래 가면이라는 뜻이다. 이에 대해 미국의 사회학자 로버트 에즈라 파크Robert Ezra Park는 이렇게 설명했다.

인격이라는 낱말의 첫 번째 의미가 가면이라는 사실은 결코 단순한 역사적 우연이 아닐 것이다. 그것은 오히려 우리 모두 언제나 그리고 어느 곳에서나 어느 정도는 의식적으로 하나의 역할을 연기하고 있다는 사실의 인정이다. 우리가 서로를 아는 것은 이러한 역할을 통해서고, 우리가 우리 자신을 아는 것도 이러한 역할에서다.[9]

그 어느 때보다 역할 또는 개인이 연출하고 다른 사람에게 보여주고 싶은 이미지가 높은 가치를 얻은 시대는 없었을 것이다. 우리는 삶에서 계속해서 가면을 쓴 배우가 되어야만 한다.

거울 밖의 삶을
상상해보기

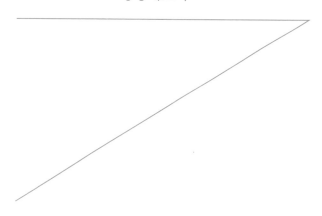

그렇다면 진정한 자아를 만드는 일은 결국 이룰 수 없을까? 내적 성찰은 실패한 걸까? 먼 옛날 자신이 태어나는 순간으로 돌아가 보자. 인간은 누구나 세상에 나올 때 물리적으로 부모와 밀접한 관계를 맺는다. 그러다 어머니의 몸 밖으로 나오고 탯줄을 자르면서 최초의 분리를 겪는다. 인간의 성장도 마찬가지다. 자아가 발전하려면 분리를 극복할 줄 알아야 한다. 이를 어떻게 극복하느냐에 따라 개인의 성장이 좌우된다. 진정한 자아라면 내적 성찰로 자신을 객관화하고 분리로 인한 충격을 완화하며 자기만의 세계를 만들 수 있다.

반면 나르시시즘적 자아는 내적 성찰을 포기함으로써 자아 분리에 실패한 사람들에게서 나타난다. 이들은 자기 자신을 주관적으로 바라보고 내가 느끼는 감정에만 집착할 뿐 진정한 나의 모습에는 관심이 없다.

이쯤에서 앞서 잠깐 살펴본 나르시시즘의 기원이 된 그리스신화를 조금 더 자세히 살펴보자. 사냥꾼인 나르키소스의 이야기다. 그는 강의 신 케피소스와 물의 님프 리리오페 사이에서 태어났다. 그는 외모가 출중한 미소년으로 성장했고, 그 자신도 아름다운 모든 것을 사랑했다. 어느 날, 숲의 요정 에코가 나르키소스를 보고 첫눈에 반했다. 에코는 제우스의 저주로 다른 사람의 마지막 말만을 따라 할 수 있었기 때문에 나르키소스의 주위를 맴돌기만 하다가 자신의 마음을 숨기지 못하고 나르키소스 앞에 나타나 사랑을 고백한다. 하지만 그가 거절하자 절망하고 자신의 동굴로 들어가 시름시름 앓다 목소리만 남긴 채 사라졌다.

이런 이야기를 들은 복수의 여신 네메시스는 나르키소스에게 그 고통을 똑같이 겪는 벌을 내린다. 어느 날, 나르키소스는 사냥을 하다가 목이 말라 숲속에 있는 호수에서 물을 마시려고 고개를 숙였다. 거기서 그는 너무도 아름다운 자신의 모습을 보게 된다. 자기 자신에게 반한 그는 이미지와 현실을 분리하지 못한 채 몰락했고, 결국 죽음을 맞이했다. 그가 죽은 자리에는 꽃 한 송이가 피어났는데 이 꽃이 바로 수선화다.

나르키소스는 왜 이렇게 자신만을 존중하는 유아적인 생각을 하다 죽음에 이르렀을까? 그는 분리를 부정하는 사람이었다. 이 문제를 생산적으로 극복하지 못하고 퇴행적으로 해결하다 보니 어린아이처럼 종속적인 개체로 전락한 것이다. 그는 자신이 어떤 세계를 원하는지, 외부환경과 어떻게 분리될지 적극적으로 탐색하지 않았다. 결과적으로 호수에 비친 자기의 모습과 이미지가 허상에 불과하다는 것을 인식하지 못한 채 자아를 잃어버린 것이다. 그래서 나르키소스는 엄밀한 의미에서 자신을 사랑하지 않는 존재다.

또한 자신을 사랑한다고 하더라도 '성장하지 못한 개인이 자기 사랑을 부정적으로 표현하는 것 역시 나르시시즘'이다. 이런 사람은 내 몸과 자아에 어떤 욕망이 있는지, 어떤 세계를 꿈꾸는지 무관심하고 분리에서 비롯된 실존적 갈등과 긴장을 회피한다. 다시 말해 자신의 욕망에도 충실하지 못한 왜곡된 자기 사랑이다.

현대에는 '소확행(작고 확실한 행복)'처럼 욕망의 부재에 대한 욕망이 강하게 일어나고 있다. 현대적 의미의 나르키소스는 정말 보잘것없고 겁이 많은 자아로 나타나는 것이다. 이런 의미에서 라쉬는 핵심을 꿰뚫고 있다.

> 나르키소스 이야기의 핵심은 그가 자기 자신과 사랑에 빠졌다는 것이 아니다. 그는 물에 비친 자신의 모습을 인식할 수 없기 때문에 자기 자신과 자신의 환경 사이의 차이를 생각할 수 없다는 것이 요점이다.[10]

자신을 중심으로 생각하고 자기애에 빠지는 것은 문제가 아니다. 다만 내면의 진짜 모습을 바라보지 않고 타인의 눈에 비치는 인상과 이미지만 붙들다가 결과적으로 자신과 자신을 둘러싼 환경의 차이를 인식할 수 없다는 것이 문제다.

그렇다면 나는 과연 스스로를 사랑할 수 있을까? 현대인들은 피상적인 인상과 이미지에 전례 없이 몰두한다. 집 밖으로 나가기 전에는 꼭 한 번씩 거울을 들여다본다. 거울은 주체를 객체로 만들고 외부 세계를 자아의 확장으로 생각하게 만든다. 타인과 구별되지 않는 사람은 엄밀한 의미에서 개인이 아닌데도 거울 속의 이미지만을 사랑하는 현대인은 결과적으로 타인과 구별되지 않는다. 자신을 성찰하지 않으면 자신을 사랑할 수 없다는 것이 우리가 나르시시즘 현상을 바라보면서 얻는 지혜다.

당신은 '나 자신'을 사랑하는가? 아니면 거울에 비친 '나의 이미지'를 사랑하는가? 그것이 한낱 이미지라는 사실도 인지하지 못한 채 자신의 이미지에 빠져 죽은 나르키소스의 신화에서 우리는 이미 답을 발견했다. 우리가 실재에 도달하려면 이미지를 넘어설 줄 알아야 한다. 거울 밖의 삶을 상상할 수 있어야 이미지를 사고파는 현대사회에서도 진정한 자신을 발견할 수 있다. 물론 그러기 위해서는 우리 밖의 세계가 정말 현실적이어야 한다.

세상이 우리에게 단지 자유롭게 살 수 있다는 허상을 보여주는 것이 아니라 실제로 자유의 가능성을 제공해야 한다. 그러나 세상이 현실성을 잃어버리기 시작하면, 우리는 세상과 분리되는 두려움에 압도되어 그 어느 때보다 환상에 끌리게 된다. 서로에게 진정한 모습을 보여줄 수 있는 세상, 그것은 거울에 비친 이미지 저편에 있다.

현대사회에서는 모두가

자신만의 신을 갖고 있다.

3강

당신은 개인주의자입니까?

위험한
개인들의 도시

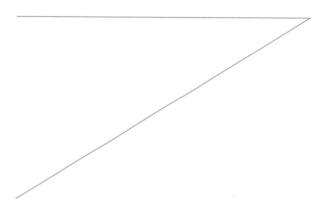

　많은 사람이 개인의 출현을 위태롭게 바라본다. 인간의 오랜 역사에서 집단주의와 공동체주의는 중요한 가치였던 반면 개인화는 위험으로 여겼다. 사람은 누구나 독자적인 개체인 동시에 특정한 공동체의 구성원이라는 점에서 개인과 집단은 당연한 듯 갈등한다. 공동체주의가 '개인은 공동체의 구성원이다'라고 주장하면, 개인주의는 '공동체는 개인으로 구성된다'고 응답한다.

　하지만 둘 사이에는 오해가 있다. 개인과 공동체의 관계에서 어디에 중점을 두느냐에 따라 개인주의와 공동체주의가 갈라질 뿐, 개인주의라고 해서 무조건 공동체를 부정하는 것도 아니고 공동체주의가 개인의 권리를 억압하는 것도 아니다.

정치 철학자로서 나는 처음에 공동체주의의 입장을 지지했다. 공동체의 목적과 의미를 배제한 개인의 자유는 불가능하다고 보았기 때문이다. 나의 관심은 언제나 '공동체의 제한과 구속에도 개인의 자유가 어떻게 실현될 수 있는가?'였다. 그렇지만 공동선을 우선시하는 공동체주의의 관점에서 한국 사회를 들여다볼수록 우리 사회가 지나치게 공동체에 중심이 치우쳐 '한국에는 진정한 개인이 없다'는 결론에 도달했다.

물론 서구에서 논의되는 '공동체주의communitarianism'는 한국에서 일상적으로 경험하는 집단주의와는 다르다. 마이클 샌델Michael Sandel이 1982년에 쓴 『자유주의와 정의의 한계』[1]는 존 롤스John Rawls의 자유주의를 비판함으로써 불붙은 '자유주의 대 공동체주의 논쟁'에서 '개인을 어떻게 이해할 것인가?'로 시작한다. 서구의 공동체주의는 지나친 개인주의가 공동선을 배제하는 현상을 지적하면서도 자유주의의 기본 가치를 보완하는 수준에서 논의된다.

반면 한국 사회에는 개인의 권리에 대한 의식이 아직 충분하지 않은데도 개인주의의 병폐를 미리 걱정하는 모습이 보인다. 이런 점에서 나는 공동체주의에 관한 문화적 차이를 이렇게 말하곤 했다. "한국의 자유주의자는 미국의 공동체주의자보다 훨씬 더 공동체주의적이며, 미국의 공동체주의자는 한국의 자유주의자보다 훨씬 더 자유주의적이다."[2]

한국은 개인이 없는 사회다. 산업화와 민주화 과정을 거치면서 근대사회에 비해 개인화되었음에도 진정한 개인은 아직 존재하지 않는다. '진정한 개인'이란 권리의 주체로서 사회적 책임 의식을 가진 사람이다. 사회학자 송호근은 우리가 아직 성숙한 시민사회를 발전시키지 못했다고 말하면서 "시민사회의 시대에 한국에는 '비시민'이 넘쳐난다"[3]고 진단한다. 시민 정신이 없는 시민은 사적 영역에 웅크린 이기적 인간일 뿐이라는 것이다. 이런 맥락에서 한국에는 '개인'이 보편화되어야 사회가 더 높은 단계로 발전할 수 있다.[4]

물론 서구권에서 이해되는 개인과 한국 문화에서 이해되는 개인은 같지 않다. 우리가 건강한 자아정체성을 완성하기 위해서는 진정한 의미의 개인주의가 필요한데, 우리나라에는 아직 개인이라는 개념이 정착하지 못했다. 왜 그럴까? 자신에게 질문을 던져보자. 개인 또는 개인주의자라는 단어를 머릿속에 떠올리면 긍정적인 이미지가 그려지는가, 부정적인 이미지가 그려지는가? 우리 사회에서는 이 말을 대부분 윤리적 또는 도덕적인 관점에서 부정적으로 판단한다. 이번 장에서는 개인이 정말 부정적인 존재인지 '개인주의자'라는 개념을 파헤쳐보려고 한다.

니체는 『선악의 저편』에서 현대사회가 발전하는 현상을 바라보며 "개인은 감히 개인으로 존재하고자 하며 스스로를 드러내고자 한다"[5]고 말했다. 그의 말을 해석하기 위해서는 개인으로 존재한다는 것의 의미를 네 단계로 살펴보아야 한다. 첫째, 나는 스스로를 개인으로 이해하는지, 둘째, 현대사회의 산물인 개인이라는 개념은 어떻게 발명되었는지, 셋째, 개인주의는 정말 이기주의인지, 마지막으로 개인주의가 도덕의 원천인지 하나씩 들여다보자.

한국 사회에서는 사회가 타락했다거나 전통적인 도덕 관념이 붕괴되었다고 이야기할 때, 문제의 원인을 개인에게 돌리는 경향이 있다. 공동체가 무너지고 개개인이 쾌락을 추구하는 병리적 현상이 모두 개인주의에서 비롯되었다고 말하기도 한다. 개인주의는 정말 위기의 원인일까, 아니면 위기의 결과일까?

우리가 원하든 원치 않든 현대는 개인화 사회다. 독일의 사회학자 울리히 벡Ulrich Beck은 개인화가 21세기의 메가트렌드라고 단언했다. 근대사회로 들어서면서 사람들은 18세기 계몽주의 철학에 따라 자신이 가진 권리를 깨달았다. 전통과 관습을 무조건 수용하는 대신 비판적으로 검증하는 계몽주의는 모든 개인이 이성적으로 생각해야 한다고 주장했다.

칸트는 1784년에 쓴 「계몽이란 무엇인가에 대한 답변」이라는 글에서 계몽을 매우 간결하게 정의한다. "계몽이란 우리가 마땅히 스스로 책임져야 할 미성년 상태로부터 벗어나는 것이다."[6] 계몽은 개인이 자신의 이성을 사용해 스스로를 책임지는 것이다. 이것이 '1차 개인화의 시대'다. 이후 20세기 말에서 21세기로 넘어오며 또다시 2차 개인화의 물결이 전 세계를 휩쓸고 있다.

개인화는 크게 세 가지 차원으로 이해된다. 첫 번째는 '해방의 차원'이다. 이것은 전통적 사회관계나 관례, 사회

형식으로부터 자유로워지는 것이다. 과거에는 남녀노소 상관없이 누구나 가부장적인 가족 관계와 강압적인 상하 관계에 묶여 있었다. 특히 우리나라는 고질적인 연고주의를 바탕으로 강한 혈연·지연·학연을 사회의 작동원리로 삼았다. 이것에서 해방되면 개인은 스스로 결정하고 자유롭게 움직일 수 있는 사회적 행위 공간을 갖게 된다. 오늘날 많은 사람이 자신만의 공간을 추구하는 만큼 개인화는 돌이킬 수 없는 사회적 추세가 되었다.

두 번째는 '탈마법화의 차원'이다. 권위로 구속력을 행사하던 전통적 규범과 예절 등은 오래전에 권위를 잃어버렸다. 이제 더 이상 남녀의 차이를 두는 삼종지도나 남녀칠세부동석 같은 말을 믿고 따르는 사람은 없다. 그러자 일부 사람들은 우리가 무엇을 지켜야 할지 혼란스럽다고 불평하는가 하면 개인의 자유가 지나치게 주어져 사회가 혼란한 상태에 빠질 수 있다고 이야기한다. 개인주의가 위험한 자유라는 것이다. 이 연장선에서 다음 차원이 논의된다.

세 번째는 '통제의 차원'이다. 개인으로 살아간다고 해서 사회를 배제할 수는 없다. 사람이라면 다른 형식으로 자신의 행위를 규제하고 어떤 형태로든 관계를 맺으며 자아를 형성해야 한다. 과거에는 사회로의 편입이 경직된 전통적 관습과 규범에 따라 이루어졌지만, 요즘에는 개인의 선택에 따라 이루어진다.

이 지점에서 우리는 유행과 여론과 시장의 유혹을 경험한다. 어떤 정보를 찾거나 옳고 그름을 판단하기 위해 신문이나 SNS와 같은 자료를 참고하다 보면 결과적으로 내가 보고 싶은 것만 보고, 읽고 싶은 것만 읽고, 듣고 싶은 것만 듣는 '확증편향'이 생기기 쉽다. 중요한 것은 개인화가 심해질수록 개인이 사회에 참여하는 통제의 차원도 중요한 문제로 대두된다는 것이다. 니체는 이런 현상을 정확히 포착했다.

'위험한 개인들'이 우글거리고 있다! 그리고 그것들의 배후에는 위험 중의 위험, 즉 개인이라는 것이 있다.[7]

개인은 모두 생각이 다르기 때문에 위험한 존재다. 기득권과 기존 제도의 관점에서 이제까지 타당한 것으로 여겨지던 것들은 더 이상 신뢰받지 못한다. 개인은 전통과 관습을 타파할 수도 있다. 그러다 보면 개인을 통제하고 억압하려는 경향도 동시에 발전하게 된다. 한나 아렌트는 일찍이 "위험한 사상은 없다. 사유 자체가 위험하다"[8]고 말했다. 우리는 부정적 현상을 보고 위험한 사상을 퍼뜨리는 사상가에게 책임을 돌리려 하지만, 어떤 신념과 교리도 의심하는 생각 자체가 위험한 것이다. 아렌트의 말을 빌리면 이렇게 표현할 수 있다. "위험한 개인주의는 없다, 개인 자체가 위험하다."

개인은 다름이다. 동질성을 추구하는 사회에서 개인보다 위험한 것은 없다. 물론 이는 개인들이 스스로 사유하고 판단하고 행동할 때 그렇다. 한편 생각하지 않는 개인은 또 다른 사회적 위험을 불러온다. 개인의 자유를 억압하고 결국에는 개인의 존재 자체를 말살하는 전체주의가 출현하기 때문이다. 그렇다면 우리는 어떤 종류의 개인을 원하는가?

누구나
'나 혼자 산다'

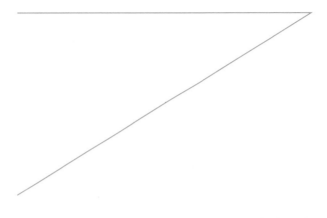

　개인이란 무엇인가? 개인이 사회의 구성원이자 기초 단위라는 것이 분명하기 때문에 우리는 개인이 무엇인지 굳이 질문하지 않는다. 그저 나 자신을 하나의 개인으로 이해할 뿐이다. 라틴어 individuum, 영어 individual을 문자 그대로 풀어보면 '분리되지 않는, 분할되지 않는 개체'로, 물리 세계에서의 원자처럼 사회관계를 구성하는 최종 단위를 의미한다. 사회에서 가장 작은 집단인 가족 내에서도 개인은 누군가의 딸 또는 아들로 규정되기보다 분리되어 독립된 객체로 여겨진다. 가정에서도 수많은 갈등이 벌어지고, 구성원들은 서로 다른 가치와 취향을 갖는 것을 당연하게 받아들인다.

오늘날 개인은 현대사회를 조직하는 구성원으로 이해된다. 또한 사회는 개인들이 모여 다른 사람과 더불어 살아가는 공간으로 인식된다. 이러한 개인이 인류의 역사가 시작될 때 처음부터 존재했던 것은 아니다. 개인은 지난 1,500~2,000년 간 험난한 과정을 거치며 탄생한 새로운 인간 유형이다. 고대인들은 자신을 결코 개인으로 생각하지 않았으며, 근대사회에 이르러서도 동양은 서양에 비해 개인이라는 인식이 약했다. 개인은 현대인들이 스스로를 이해하는 방식이다.

현대화를 전통적 신분사회에서 계약사회로 움직였다고 이해하는 것처럼, 개인은 주어진 사회적 지위와 관계에서 해방된 독립된 개체다. 사람은 현실에서 다른 사람과 더불어 살지만 의식적으로는 자신만을 위해서 산다. 예컨대 주거문화의 주를 이루는 아파트는 가족을 넘어서는 공동체를 형성하기보다 오히려 가족별로 잘게 쪼개져 이기주의의 온상으로 받아들여진다. 아파트의 공간 역시 개인 단위로 나눠진다.

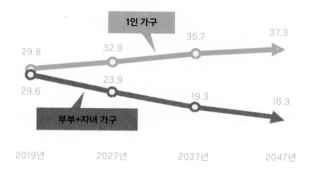

1인 가구 및 부부+자녀 가구 비중 변화(단위 %)

1인 가구

29.8   32.9   35.7   37.3

29.6   23.9   19.3   16.3

부부+자녀 가구

2019년   2027년   2037년   2047년

2017년 통계청이 발표한 2019~2047 장래가구특별추계
자료: 통계청

　　이런 현상은 통계상으로도 나타난다. 2017년 통계청에서 발표한 2019~2047년까지의 장래가구특별추계에 따르면 2047년 우리나라 전체 가구의 절반이 고령자 가구이고, 1인 가구 비중도 40퍼센트에 육박할 것으로 전망했다. 열 가구 중 네 가구가 혼자 산다는 것이다. 2020년 현재도 전체 2,000만 가구 중 600만 가구인 약 30퍼센트가 1인 가구다. 과거 부모 세대나 조부모 세대만 하더라도 상상조차 할 수 없는 현상이 벌어지고 있는 것이다.

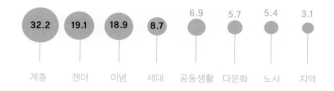

향후 더 심해질 것으로 보이는 갈등은 무엇일까?(단위: %)

계층	젠더	이념	세대	공동생활	다문화	노사	지역
32.2	19.1	18.9	8.7	6.9	5.7	5.4	3.1

향후 더 심해질 것으로 보이는 갈등은 무엇일까?,
자료: 한국일보, 오픈서베이, 2018년 12월 14일 19~70세 남녀 1,000명 대상 모바일 설문조사

　유럽에서는 이미 수십 년 전부터 이런 현상이 시작되었다. 내가 유학하던 40년 전 독일에서는 누구나 열여덟 살에 성인이 되면 자연스럽게 부모에게서 독립했다. 우리 사회는 그와 같은 현상을 이제야 맞닥뜨린 것이다. 〈나 혼자 산다〉라는 인기 예능 프로그램은 혼자 사는 것이 무엇을 의미하는지, 홀로 살면 어떤 어려움이 있는지 예능 형식으로 유쾌하게 보여주며 1인 가구의 삶을 들여다본다. 독일의 사회학자 울리히 벡의 말처럼 21세기의 메가트렌드는 의심할 여지 없이 개인화individualization가 되었다.

　그렇다면 개인화는 계층, 젠더, 이념, 세대 등 모든 갈등

의 원인일까? 2018년 한국일보에서 남녀 시민 1,000명을 대상으로 '향후 더 심해질 것으로 보이는 갈등이 무엇인지' 조사했다. 설문 결과 응답자들은 앞으로 심화될 문제로 계층, 젠더, 이념, 세대 등을 언급했다. 이러한 갈등은 언뜻 서로 다른 성향의 집단이 충돌하는 것처럼 보인다. 계층은 사회적 지위에 따른 집단, 젠더는 성별 집단, 세대는 사회화의 과정이 다른 집단이다.

그러나 이러한 갈등을 좀 더 깊이 들여다보면, 밑바탕에는 개인들의 갈등이 깔려 있다. 개인들의 생각과 취향, 욕구와 욕망이 달라지면 당연히 다르게 행동하기 마련이다. 그런데 우리는 그 원인을 집단에서 찾고 해결하려 한다. 젠더 갈등을 예로 들어보자. 과거에는 문화적으로 남성성과 여성성의 전형이 이미 결정되어 있었다면, 현대사회에서는 남자 또는 여자이기 이전에 한 명의 인간이라는 의식이 점점 더 커지고 있다. 이런 개인화의 과정에서 개인의 권리와 존엄을 억압하는 사회적 구조와 관습에 대한 저항이 갈등으로 표출되는 것이다.

오늘날 많은 사람이 홀로 살아가고, 그 사실을 당연하게 받아들인다. 현대인들은 점점 더 물리적으로 멀어지고 있다. 하지만 개인들 사이의 거리가 좁아진다고 친밀해지지는 않듯, 물리적으로 분리된다고 완전한 독립이 이루어지지는 않으며 혼자 산다고 모두 개인주의자가 되지는 않는다. 이것이 핵심이다. 사회적 분리와 거리 두기에 고통을 당하고 외로움을 느끼면, 그는 개인으로서 자신의 삶을 주도적으로 관리하지 못하는 것이다. 사회적 분리의 불편과 고통을 극복할 수 있어야 한다.

과거에 삶의 중심 가치로 생각했던 전통적 관습과 규범으로부터 벗어난 탈전통화를 성장의 밑거름으로 삼아 자기를 새롭게 창조해야 진정한 의미의 개인주의자가 될 수 있다. 인간은 어쩔 수 없이 자기를 보호해왔던 전통적인 보호장치로부터 분리될 수밖에 없는데 이를 어떻게 극복하느냐에 따라서 진정한 개인이 되느냐 그렇지 않느냐가 결정된다.

결국 개인화는 부정적 영향을 미칠 수도, 긍정적 영향을 미칠 수도 있다. 그렇다면 개별화의 잠재력을 어떻게 활용할 것인가가 개별화 자체보다 더 중요한 문제로 다뤄져야 한다. 전통과 관계로부터 해방되어 더 나은 삶을 기대할 수 있을 때에야 비로소 개별화의 잠재력이 발생한다. 개인의 권리, 인간의 존엄, 자유와 자율, 독립과 자주 등 개별화로 얻게 된 능력을 활용해 좀 더 인간다운 사회관계를 구축하는 것이 현대의 과제다. 이를 제대로 수행하려면, 우리는 개인의 탄생 과정을 되짚어보아야 한다.

세상에 없었던
개인주의의 발명

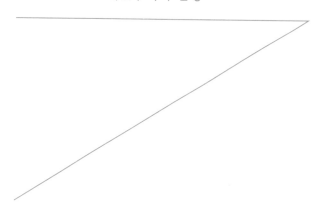

　개인이라는 개념은 언제 발명되었을까? 전통 도덕과 가
치를 중시하는 한국 문화에서는 개인주의를 서양문명의
특성으로 생각하고 비판하는 일이 많다. 서양인들은 차갑
고 이기적인 반면 한국인들은 따뜻하고 정이 많다는 인식
도 이러한 문화적 편견에서 비롯되었다. 이제는 현대화와
민주화를 학습하면서 어느 정도 합리적 사고에 익숙해졌
지만, 그럼에도 개인주의는 여전히 거북한 개념으로 남아
있다. 이기주의는 동서고금을 막론하고 인간의 기본적인
본성이라는 점을 인정하면서도 개인주의는 쉽게 인정하려

하지 않는다.

그렇다면 서양인들은 고대부터 중세를 거쳐 근대에 이르기까지 오랜 기간 개인주의를 지향해왔을까? 아니다. 서양에서도 개인이라는 개념은 문화가 발전하면서 진화한 발명품이다. 하버드대학교 역사학과 교수인 니얼 퍼거슨 Niall Ferguson이 쓴 『시빌라이제이션』이라는 책을 보자. 이 책은 문명이 어떻게 발전했는지, 동양과 서양의 차이는 무엇인지를 방대한 문헌을 바탕으로 깊이 있게 파고든 명저인데, 출발점은 아주 간단한 한 가지 의문에서 시작되었다.

> 1500년경, 유라시아 대륙 서쪽 끝 몇몇 작은 국가들은 과연 어떤 연유로 다방면에서 훨씬 복잡한 사회를 이루고 있던 유라시아 대륙 동쪽 국가들을 포함해 전 세계를 지배하게 된 것일까.9

흔히 서양이 동양보다 더 찬란한 문화를 이루고 잘살았다고 생각하기 쉽지만 자세히 들여다보면 실제로는 그렇지 않았다. 15~16세기경, 중국과 한반도는 서양 문화의 중심지인 독일, 프랑스, 네덜란드보다 경제적으로 훨씬 더 풍

족했고, 중국 사회는 서구권의 국가들보다 복잡한 사회 체계를 갖고 있었다. 서양이 역사를 선도했다는 고정관념 때문에 쉽게 믿기지 않겠지만 사실이다.

인간의 문명이 본격적으로 발전하는 데 큰 역할을 한 철기는 기원전 6세기에 중국에 출현해서 기원전 1세기가 되면 흔해지지만, 유럽 사회에서는 1380년대가 되어서야 사용하기 시작했다. 1377년 고려 말 『직지심체요절』을 인쇄한 금속활자는 1450년경 금속활자로 인쇄된 『구텐베르크 성서』보다 약 70년이나 빠르다. 중국의 환관인 채륜은 105년에 뽕나무 껍질로 최초의 종이를 제작했으며 700년이 되자 목재펄프로 만든 종이가 흔해졌지만, 유럽에서 이탈리아인은 1276년에야 직접 종이를 제작하기 시작했다. 중국 문헌에 1119년 처음 등장한 나침반도 1180년에 이르러서야 아랍을 거쳐 유럽으로 전파되었다.[10]

일상은 어땠을까? 우리는 서양 사람들이 예절을 지키며 우아하게 식사한다고 생각하지만, 서양에 현대식 포크가 도입된 것은 오래되지 않았다. 11세기에 베네치아 공국의 총독은 그리스 공주와 결혼했는데, 이 공주가 두 갈래로 된 황금 포크를 사용해 음식물을 입으로 가져가는 모습이 당시 큰 화제가 되었다. 이 색다른 도구의 사용이 일반화되기까지 500년이 걸렸다. 16세기부터 포크는 이탈리아에서 프랑스로, 그다음 영국과 독일로 전해졌지만, 그마저 상류층에서만 일상적인 식기로 자리 잡았다.

서양이 문명의 주도권을 쥐고 있던 동양을 따라잡고 '서양의 시대'를 개척한 것은 르네상스 시대부터였다. 이 시대가 '재생'이라는 뜻의 르네상스로 불린 것은 의미심장하다. 동양을 앞섰던 고대의 서양이 다시 태어난 것이다. 그런데 어떤 이유로 불과 몇 세기 만에 서양이 전 세계를 식민지화하고 과학과 기술을 선도하는 권력과 문화 중심지가 될 수 있었을까? 이에 대한 해답을 찾아가는 것이 니얼 퍼거슨의 출발점이었다. 저자는 이 질문의 대답으로 여섯 가지 요소를 제시했다.

첫째, 서양은 경쟁을 중시하는 반면 동양은 조화와 화합을 중시했다. 둘째, 서양은 과학적 인식을 추구했지만, 동양은 비교적 비과학적인 편이었다. 셋째, 서양은 개인의 재산권에 대한 의식이 있었으나 동양은 재산권에 대한 의식이 없었다. 넷째, 서양은 인간을 해부하며 신체 구조를 연구한 의학이 발전했는데 동양은 생명 현상을 전체론의 관점에서 바라보기 때문에 의학이 더디게 발전했다. 다섯째, 서양은 생산보다 소비가 경제를 활성화한다는 인식이 있었는데 동양에서는 소비를 악덕으로 삼았다. 여섯째, 서양에서는 일에 대한 소명 의식과 책임을 강조하는 직업윤리가 발달했는데 동양은 직업을 비교적 중요시하지 않았다. 이런 여섯 가지 요소에는 전체를 관통하는 공통점이 있다. 서양에서는 개인이 중요하게 여겨졌지만, 동양에서는 그렇지 않았다는 것이다. 15~16세기경 서양이 동양보다 훨씬 덜 발전했음에도 수백 년이 지난 오늘날 세계를 지배한 문명을 발전시킨 핵심적인 동력은 개인과 개인주의에 있었다.

서양에서 개인주의가 팽배해지는 19세기에 활약했던 철학자 니체는 이렇게 이야기한다.

(좀 더 고귀한 것, 좀 더 섬세한 것, 좀 더 희귀한 것으로 변하는) 변질이든 퇴화나 기형이든 그 종족의 변화는 갑자기 가장 풍부하고 화려하게 무대 위에 나타나고, 개인은 감히 개인으로 존재하고자 하며 스스로를 드러내고자 한다. 이러한 역사의 전환기에는 장엄하고 다양한 원시림과

같이 성장하고 상승하려는 노력이, 성장의 경쟁심 속에 있는 일종의 열대의 템포와 엄청난 몰락이나 파멸이 서로 나란히, 때로는 서로 얽히고 짜여 있음을 보게 된다. 이는 '태양과 빛'을 찾고자 서로 투쟁하고, 더 이상 지금까지의 도덕에서 어떤 한계나 제약도, 보호도 이끌어낼 줄 모르며 거칠게 서로 대립하는, 말하자면 폭발하는 듯한 이기주의 덕분이다. 이 도덕 자체는 그렇게 위험할 정도로 활을 당길 힘을 엄청나게 축적했던 것이다.[11]

니체의 이 문장은 겉으로는 상당히 복잡해 보이지만, 핵심은 이기주의와 개인주의라는 새로운 투쟁이 등장했다는 것을 의미한다.

니체는 개인의 탄생을 몇 가지 관점에서 바라보았다. 우선 르네상스와 같은 역사적 전환기에 이기적 개인이 탄생했다. 둘째, 이기적인 개인은 태양빛을 차지하기 위해 서로 싸우는 나무들처럼 성장의 경쟁심을 가진다. 셋째, 이러한 폭발적 이기주의는 번영을 가져올 수도, 퇴화를 초래할 수도 있다. 끝으로, 이기주의로 축적된 힘은 기존의 질서를 파괴하고 새로운 질서를 만든다. 이렇게 새로운 인간 유형인 개인의 삶을 규정하는 개인주의는 자기 보존과 자기 향상의 법칙이 된다.

서양은 르네상스를 기점으로 외부환경이 급격하게 변화했다. 여러 국가로 분열된 서양에서는 전쟁이 동양에 비해 오랫동안 훨씬 더 복잡한 형태로 계속되었다. 이런 아수라장에서 생존하기 위해서는 보호장치가 국가 단위에서 집단으로, 그리고 개인 단위로 점점 축소된다. 내가 속한 국가와 부족이 나를 책임져주지 못하면 개인은 자기 자신을 스스로 책임져야 한다.

왜 15세기 초 명나라 영락제의 명을 받은 정화의 대함대가 인도와 아라비아반도를 거쳐 아프리카 동부 해안에 이르기까지 대항해를 했음에도 대양을 포기한 것일까? 왜 유럽의 국왕들은 그와는 정반대로 탐험 계획에 자원을 쏟아부은 것일까? 왜 중국이 내향적 보수주의로 대륙에 갇혀 있던 바로 그때 서유럽 사람들은 세계를 제패할 각오를 한 것일까?[12] 이 물음에 대한 답도 자기 안전을 스스로 책임져야 하는 개인의 탄생에서 찾을 수 있다.

종교적인 관점에서도 마찬가지다. 유일신을 믿는 기독교는 약 2,000년간 서양 사회를 지배하며 개인의 삶을 억압했다. 이러한 전통적 도덕으로부터 해방되자 이기주의에서 비롯된 새로운 도덕이 탄생했다. 한마디로 이기주의란 '어떻게 하면 내가 스스로를 보호하고 자기 발전을 이룰 수 있을 것인가'라는 질문에 대한 답이다. 여기에서 전통의 붕괴와 새로운 인간의 탄생 사이의 관계를 깊게 논할 수는 없지만, 여러 조건이 달라지면서 서양의 르네상스 시대에 동양과는 전혀 다른 새로운 인간 유형인 '개인'이 탄생하게 된 것만은 분명하다.

절대자를 향한 복종에서
개인에 대한 숭배로

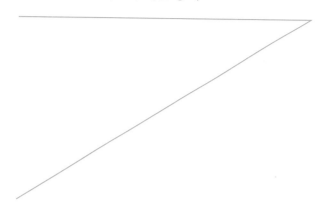

다음 페이지에 등장하는 세 장의 사진을 살펴보자. 첫 번째 사진은 아테네의 수호 여신인 아테나에게 바치기 위해 그리스의 아크로폴리스에 지은 파르테논 신전이다. 파르테논 신전을 건립한 시기는 기원전 432년으로 지금으로부터 약 2,500년 전이다. 당시 사회를 구성한 가장 기초적인 단위는 가족이었다. 가족을 대표하는 가장만이 정치를 논할 수 있었고, 그러한 회의 체계가 민주주의의 토대가 되었다. 고대 아테네 제국과 이후 이 지역을 계승한 로마제국은 가족에 의한 지배를 대변하고 공통의 조상을 숭배하는

아테네의 파르테논 신전

중세의 도시

종교적 의식에 바탕을 둔 정치체제였다.

두 번째 사진을 보자. 이것은 현재까지 이어지고 있는 중세시대의 도시다. 유럽에서는 중세도시로 넘어가면서 자치도시와 시민이 등장했다. 도시는 성안에 사는 사람과 밖에 사는 사람들을 구분해 시민을 만들었고, 이로써 시민들은 각자 자신의 역할과 기능을 인식하며 조금씩 개인이 되어갔다. 셰익스피어의 희곡『로미오와 줄리엣』을 보면 이런 분위기가 잘 나타난다. 서로 적대적인 가문의 자녀로 태어났음에도 개인으로서 사랑을 쫓는 로미오와 줄리엣은 이미 개인의 사랑이 가족의 연대보다 중요해진 사회로 발전하고 있다는 것을 상징적으로 나타낸다.

마지막 이미지는 현대사회의 모습이다. 이곳에서는 공통의 조상이나 신을 향한 숭배 같은 분위기를 전혀 감지할 수 없다. 모든 사람은 외부의 자극에 따라 움직이고 자신이 좋아하는 쾌락을 추구하며 각자 원하는 삶의 목표를 이루기 위해 노력한다. 서양에서는 이러한 과정을 거치며 개인이라는 개념이 발전했다.

우리는 시대를 막론하고 모든 사람은 독립된 개체였다고 생각하지만, 고대인들은 우리가 이해하는 그런 '개인들'

현대 일본의 거리

이 아니었다. 고대사회는 가족 중심의 사회로 개인보다는 부족을 훨씬 더 중요하게 여겼으며, 그 당시 가족은 종교적 신념을 축으로 하는 일종의 조상 숭배 집단으로 개인을 넘어서 영원히 지속되는 불멸성을 띄었다. 가문을 설명할 때는 어떤 조상의 후손인지가 중요할 뿐 개인이라는 개념에는 어떤 가치도 부여되지 않았다. 또한 행위의 주체는 가장인 성인 남성으로 여성과 아이에게는 동등한 권리와 자격마저 주어지지 않았다.

> 고대 그리스어에는 가족을 뜻하는 의미심장한 단어가 하나 있다. 글자의 뜻 그대로를 따지면, 화로 가까이에 있는 것을 의미하는 단어이다. 하나의 가족은 똑같은 신성한 불에 소원을 비는 것이 허용되고 똑같은 조상에게 음식을 바치는 것이 허용되는 집단이었다.[13]

영국의 정치 철학자인 래리 시덴톱Larry Siedentop에 따르면 가족이란 '불을 공유하는 집단'이다. 우리나라에도 이와 비슷한 말이 있는데, 바로 '식구食口'라는 단어다. 먹을 식食 자와 입 구口 자가 합쳐진 이 단어는 같은 화로에서 음식을 만들어 공유하는 사람들을 뜻한다. 불을 공유한다는 것은 문명의 발달에서 상당히 중요했기 때문에 가장에게는 불을 관리하는 능력이 강조되었고, 불은 그 가문이 추구하는 가치를 대변하기도 했다.

이것을 현대사회와 대조해서 서술해보자. 고대사회에는 모든 가족에게 그들만의 공통된 신이 있었다. 현대사회에서는 거꾸로 모든 개인이 자신만의 신을 갖고 있다. 각각의 사람이 자신의 화로에 불을 붙이며 남과는 다른 자기만의 가치를 숭배한다. 따라서 개인의 탄생은 가족으로부터의 해방이라고 할 수 있다.

그렇다면 지금의 한국 사회는 어떨까? 개인주의를 추구한다고 하지만 여전히 가족은 이전과 같은 크기의 영향력을 행사하는 것처럼 보인다. 가족에게 권위주의적인 힘이 있는 상황에서는 개인의 탄생이라는 사회적 현상이 오히려 부정적인 병리 현상으로 나타날 수 있다. 독일의 역사학자 리하르트 반 뒬멘Richard van Dülmen이 쓴 『개인의 발견』이라는 책에서는 이런 사실을 지적하고 있다.

우리는 적어도 '근대적' 개인이 시민사회와 더불어 시작되었다는 생각과는 결별해야 한다. '개인주의적' 행동은 근대 초기에도 있었고, 거꾸로 전통주의적 행동은 19세기의 시민사회에도 존재했다. 그 이행 과정을 인식하는 것은 쉬운 일이 아니다. 개인이 무엇인가는 시대의 변화 속에 놓인 각 개인의 삶과 행동의 맥락에서 규정된다.[14]

21세기의 메가트렌드가 개인화고, 21세기의 개인을 지배하는 것이 개인주의라고 하더라도 여전히 집단주의적으로 사고하는 사람들도 있다는 것이다. 고대사회와 중세사회에서도 개인은 생존을 걱정하고 염려했다. 그렇지만 현대사회와 비교했을 때 '나는 누구인가'라는 질문에 대한 답을 가족의 관점에서 찾느냐, 개인의 관점에서 바라보느냐 하는 차이가 있다.

그런데 역설적으로 서양의 개인주의는 기독교 정신에서 비롯되었다. 가장 먼저 사도바울을 보자. 그는 사람 사이의 사랑을 기독교의 핵심 가치로 제시했다. 즉, 불평등한 사회구조에 맞서 성별이나 계급과 상관없이 사람은 모두 평등하다고 주장한 것이다. 그는 자연적 불평등이 아니라 인간의 평등을 중시했고, 신의 사랑은 자신의 내면에서 볼 수 있다고 이야기했다. 그의 혁명적 인식은 기독교의 밑거름이 되었고, 예수 그리스도의 가르침을 세계적인 종교로 발전시키는 데 크게 기여했다.

그 이후에는 성 아우구스티누스가 등장했다. 그는 모든 개인에게는 의지와 욕망이 있기 때문에 죄를 저지르고 타락에 빠질 수 있다고 주장했다. 따라서 자신이 어떤 죄를 지었는지 늘 관찰하며 내적 성찰을 해야 한다고 강조했다. 자신을 먼저 발견하지 않고는 결코 신을 발견할 수 없기 때문이다. 그러다 보면 자기 자신이 타인과는 구별되며 동시에 사랑하고 사랑받는 존재로서 평등하다는 사실을 깨닫는다는 것이다.

그리고 마침내 16세기에 종교개혁가 마르틴 루터Martin Luther가 등장한다. 그때까지 신의 말씀은 일반 신도에게 직접 전달될 수 없었고 반드시 성직자를 통해야 했다. 이것이 면죄부 판매나 성직자의 권력 남용 등 수많은 문제를 야기했다. 루터는 이 문제에 정면으로 대응하며 모든 개인이 신과 직접 대화할 수 있다고 주장했다. 그 유일한 근거는 성서였다. 즉, 성서로 돌아가 개인으로 신과 직접 소통하며 진리를 깨닫고 실현할 수 있는 독립적인 개인이 되어야 한다는 것이다. 그는 신과의 개인적 소통을 강조했지만, 이는 모든 개인이 나름의 도덕 기준을 갖게 되었다는 것을 의미한다. 양심은 이렇게 개인에게 귀속되었다.

이처럼 기독교는 역사를 관통하며 신의 자유를 인간의 자유로 바꾸었다. 오늘날 우리는 스스로를 양심에 따라 자유롭게 이성적으로 사유하는 개체로 이해한다. 이에 대해 설명한 대표적인 인물이 바로 14세기 영국의 신학자 오컴의 윌리엄William of Ockham이다.

양심의 영역을 보호하기 위해, 오컴은 의도가 훌륭한 행동인 경우에는 '올바른 이성' 혹은 정의의 명령과 충돌을 빚더라도 허용되어야 한다고 주장한다. 어떤 행위자가 잘못 판단하여 자신의 의도가 정의와 일치한다고 믿고 있을 때, 그 사람은 자신의 양심을 따를 의무가 있다. 그것이 정의의 주장을 강화하는 그것이 자유의 소멸로 이어져서는 안 되는 이유이다. 자유가 여전히 도덕적 행위의 필요조건이기 때문이다. 그래서 오컴은 양심에 따른 판단의 '실수'를 옹호한다.[15]

과거에는 신에게만 절대적 진리와 자유가 있었던 데 비해 오늘날에는 우리 모두 스스로를 자유롭다고 여긴다. 그 의지에 따라 실수하기도, 오류를 저지르기도 한다. 서양문명에서 개인의 실수가 용납되었다는 것이 어떤 결과를 초래했는지 한번 상상해보자.

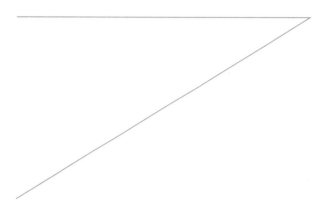

자기 성찰을 꿈꾸는
개인주의자의 탄생

자, 드디어 인류의 역사에서 유의미한 개인이 등장했다. 개인의 탄생과 함께 자유와 도덕적 자율성도 탄생했다. 아우구스티누스의 말처럼 이것은 자기 성찰의 결과물로 서양에서는 개인의 권리와 자유를 찾기 위해서는 반드시 나를 구속하는 외부 장애물과 투쟁해야 한다는 인식이 보편화되었다. 한국의 현대사를 돌이켜봐도 이런 사실이 압축적으로 드러난다. 1956년에 개봉한 〈자유부인〉이라는 영화는 기존의 관습과 전통에 맞서 자신의 권리와 세계를 찾아가는 여성을 주인공으로 등장시킴으로써 현대화 초기에 나타난 독립적인 개인의 모습을 보여준다.

시대가 바뀔 때는 항상 시대정신을 대표하는 사상가들이 등장한다. 특히 서양에서는 세속적 개인주의가 발전하는 데 공헌한 세 사람을 꼽을 수 있는데, 첫 번째는 르네 데카르트René Descartes, 두 번째는 에라스무스Erasmus, 그리고 마지막은 알브레히트 뒤러Albrecht Dürer다. 모두 15세기 말과 16세기 초 역사적 전환기에 살았던 인물들이다.

먼저 데카르트는 '자기 인식'을 공고하게 한 인물이다. 그의 대표적인 명언 "나는 생각한다, 고로 나는 존재한다"라는 말을 떠올려보자. 철학적 명제지만 사실 이 말은 개인주의를 표방한다고 해도 과언이 아니다. 개인주의의 전제조건은 인식할 수 있는 주체를 자기 자신으로 이해하는 것이다.

데카르트가 말한 개인은 '의심하는 인간'이다. 어떤 전통과 관습도 확실한 것으로 여기지 않으며 진리에 도달할 때까지 의심하는 '방법론적 회의'의 과정이 필요하다. "조금이라도 의심할 수 있는 것은 모두 전적으로 거짓된 것으로 간주하여 던져버리고, 이렇게 한 후에도 전혀 의심할 수 없는 것이 내 신념 속에 남아 있는지를 살펴보아야 한다."[16] 모든 것을 의심하면서도 더 이상 의심할 수 없는 유일한 것은 '생각하는 나', '의심하는 나'가 존재한다는 사실이다. 개인만이 의심할 수 없는 마지막 보루가 된 것이다.

이런 개인이 자신의 내면에서 경험하고 확인하는 것은 바로 '자유 의지'다. "내 안에서 그보다 더 큰 것의 관념을 포착할 수 없을 정도로 큰 것으로 경험하는 것은 오직 의지, 즉 자유 의지뿐이다. 그러므로 내가 이른바 신의 형상과 유사한 모습을 지니고 있다는 것을 알게 되는 것도 주로 의지이다."[17] 의심하면서 자신의 삶을 자율적으로 발전시키려는 인간은 영락없는 현대적 개인의 모습이다.

다음으로 에라스무스는 이를 드러내기 위해 "글로 자기 자신을 발견해야 한다"고 말했다. 자기 인식을 내면에만 품고 있으면 타인이 나를 이해할 수 없다. 즉, 생각을 글로 표현함으로써 '자기 발견'을 이루어야 한다. 그의 주장은 비슷한 시기에 구텐베르크에 의해 인쇄술이 획기적으로 발전하면서 문학과 문화를 보편적으로 공유한 덕분에 전 세계로 확산되었다. 그는 "저는 당신에게 저 자신의 모습을 그려 보이려 합니다. 저는 다른 사람들보다 저 자신을 더 잘 알기에 잘 그릴 수 있고 그래서 더 좋습니다"[18]라고 말하며 '나'라는 존재에 관심을 보였다. 이때부터 서양에서는 일기라는 아주 독특한 장르가 발전했다. 자신을 만들기 위해 글을 쓰지만, 이 글은 동시에 다른 사람들에게 자신을 표현하는 수단인 것이다.

마지막으로 독일의 화가 뒤러는 자화상을 그리면서 '자기 확신'을 표현했다. 일기가 개인의 심리적 자화상이라면, 화가의 자화상은 그림과 이미지로 표현된 일기다. 그의 이후에는 렘브란트나 고흐 같은 사람도 자화상에 심취했다. 그림으로 나를 그린다는 것은 자신의 개성과 의식에 남들이 볼 수 있는 어떤 양식을 입힌다는 것이다. 이전의 인물화는 대부분 왕족이나 귀족을 그림으로써 권력과 부를 과시하는 용도로 쓰였다. 그러나 자화상은 타인에게 내가 어떻게 보이기를 바라는지 자기 성찰을 해야 표현할 수 있는 장르다. 그렇다면 왜 자화상은 서양에서만 나타났을까? 앞서 말한 것처럼 16세기를 기점으로 서양에서는 개인주의가 발전했고, 동양은 여전히 집단주의에 머물러 있었기 때문이다.

개인이 자신을 스스로 규정하고 실현한다는 생각을 인생

의 목표로 삼은 것은 근대사회에 들어와서의 일이고─적어도 자신을 이렇게 이해함에 따라─이 목표를 달성하기 위한 사회적·정치적·경제적 제반 조건을 만들고, 이를 확고하게 다지기 위해 노력을 경주한 것도 근대사회에 들어와서의 일이다."19

지금까지 개인이 인류 역사에서 보편적인 인간 유형이 아니었다는 사실을 살펴봤다. 개인은 근현대 서구인들이 자기 자신을 이해하는 방식이었다. 이것이 자본주의와 민주주의의 발전과 더불어 전 세계로 뻗어나갔다.

서구에서 개인의 탄생 과정을 재구성하면, 우리는 자기 성찰의 몇 가지 단계를 확인할 수 있다. 첫 번째는 '자기 인식의 단계'다. 우리는 스스로에게 '나는 누구인가?'라는 질문을 끊임없이 던져야 한다. 셀피를 찍는 행위가 아니라 진정한 의미에서 나를 들여다보는 근본적인 물음이 필요하다. 두 번째는 '자기 분석의 단계'다. 여기에서는 '나는 무엇을 원하는가?'라는 질문이 필요하다. 젊은 사람 중에는 자신이 누구인지, 무엇을 원하는지 모르는 사람이 많지만, 진정한 성공을 원한다면 스스로 무엇을 원하는지 분명히 알아야 한다. 세 번째는 '자기통제의 단계'다. '나는 무엇을 해야 하는가?'라는 것이다. 내가 원하는 것을 실현하기 위한 구체적인 판단이다. 마지막으로 '자기표현의 단계'다. 앞의 단계를 거치며 궁극적으로 나는 어떤 사람이 되고자 하는지 고민해보는 것이다. 이런 과정을 통해 물리적으로뿐만 아니라 정신적으로 개성을 가진 개인이 탄생한다.

우리는 이기적이지 않은

개인주의를 원한다.

4강

당신은 이기주의자입니까?

이기주의의
패러독스

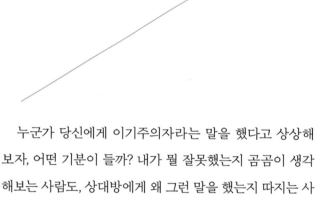

누군가 당신에게 이기주의자라는 말을 했다고 상상해보자, 어떤 기분이 들까? 내가 뭘 잘못했는지 곰곰이 생각해보는 사람도, 상대방에게 왜 그런 말을 했는지 따지는 사람도 있을 것이다. 어떤 반응을 보이든 불쾌한 기분이 든다는 것만은 분명하다.

이기주의의 사전적 의미는 '자기 자신의 이익만을 꾀하고, 사회 일반의 이익은 염두에 두지 않으려는 태도'다. 단어에 이미 부정적인 뜻이 담겨 있기 때문에 이기주의자는 사회에서 환영받지 못한다. 그런데 한국에서는 개인주의를 표방한다고 하면 흔히 이기주의와 연결해 생각하는 경향이 있다. 개인주의가 오해받고 부정적으로 인식되는 원인에는 이러한 이유도 한몫한다. 그렇다면 개인주의는 과연 이기주의일까?

많은 사람이 개인주의는 이기주의, 자기중심주의라는 편견을 갖고 있다. 하지만 사람이라면 누구나 자신을 세상의 중심에 두고 가치 판단의 척도로 사용하며 자신이 원하는 것을 실현하고 싶어 하는 욕구가 있다. 그럼에도 왜 개인주의 사상을 부정적으로 보는 것일까? 그 이유는 이기주의와 자기중심주의가 타인을 배려하지 않는 사상이라는 편견 때문이다.

현대인들은 남들과 구별되는 개성 강한 사람이 되기 위해 노력하면서 개인이라는 말 자체에는 혐오감을 느낀다는 점에서 이 편견은 꽤 역설적이다. 이것은 집단주의 문화가 청산되지 않은 상태에서 나타나는 도덕의 허위의식 또는 이중성이다. 겉으로는 집단주의 문화를 쫓는 척하지만 실제로는 많은 사람이 개인의 이익을 추구한다. 또 이타주의를 표방하면서도 실제로는 이기적으로 행동한다. 차라리 나의 이기주의와 타인의 이기주의가 어떻게 조화를 이룰 수 있는지 고민한다면 훨씬 더 건강한 사회가 될 수도 있다. 겉과 속이 다른 태도를 보일 때 사람들은 더 크게 실망하고 분노한다.

실존 철학의 선구자인 니체는 인간의 이기주의와 개인주의를 어떻게 생각하는지 들어보자.

순진한 사람의 귀를 불쾌하게 만들지도 모를 위험을 무릅쓰고, 이기주의란 고귀한 영혼의 본질에 속한다고 나는 주장한다. 내가 말하는 이기주의란 '우리는 존재한다'처럼 존재에 대해서 다른 존재는 자연히 종속되지 않으면 안 되고 희생되어야 한다는 저 확고한 신념이다. 고귀한 영혼은 자신의 이기주의라는 이 사실을 어떤 의문도 없이, 거기에 가혹함이나 강제와 자의의 감정도 없이, 오히려 사물의 근본 법칙에 바탕을 두고 있을지도 모르는 어떤 것처럼 받아들인다. 그것에 대한 이름을 찾는다면, 이 영혼은 '그것은 정의 그 자체다'라고 말할 것이다.[1]

니체는 이 글에서 이기주의에 관한 통념을 뒤집어엎는다. 모든 사람이 이기적이라는 사실을 인정하는 것이 정직

할 뿐만 아니라 이기주의 자체가 인간의 본질에 속한다는 것이다. 그러므로 우리는 이기주의를 마치 '사물의 근본 법칙'처럼 의문이나 강제, 어떤 감정도 없이 있는 그대로 받아들여야 한다.

여기서 두 가지 의문이 제기된다. 첫째, 이기주의는 왜 정의 그 자체인가? 둘째, 왜 이기주의가 고귀한 영혼의 본질에 속하는가?

니체에 따르면 모든 인간을 '이기적 개인'으로 보는 것은 모든 개인을 동등한 권리를 가진 사람으로 받아들인다는 것이다. 타인과 서로 관계를 맺으면서 자기 자신을 존경하는 것, 그것이 정의다. 이기주의는 관계를 맺는 다른 사람들을 존중하면서도 자신이 더 높은 곳에 있으려 하기 때문에 고귀한 영혼의 특성이다. 이기주의를 정직하게 인정하지 않고서는 정의를 말할 수 없다는 니체의 인식은 인간 본성의 핵심을 찌른다.

이기주의는 보통 세 가지 관점에서 이야기된다. 첫 번째 관점은 '심리적 이기주의'다. 인간 행위의 동기는 근본적으로 나에게 도움이 되는 자기 이익이라는 것이다. 이것은 고대부터 현대에 이르기까지 변함없다. 인간은 자신의 이익에 부합하는 대로 행하기 때문에 개인의 심리적 동기, 경향과 성향이 중요하다.

두 번째 관점은 '윤리적 이기주의'다. 자신의 선을 도모하는 것이 도덕에 부합한다는 규범적 이론이다. 윤리적 이기주의는 자신의 선을 높이려는 행위는 항상 도덕적이며, 그것을 장려하지 않는 것이 오히려 비도덕적이라고 강하게 주장한다.

이 관점에서는 궁극적으로 무엇이 자신에게 도움이 되는지 물을 수밖에 없으며 결국 타인의 선과 권리를 침해하지 않는 것이 궁극적으로 자신의 이익에 부합한다는 인식에 도달할 수 있다. 개인이 이익을 추구할 때 이성에 부합해야 도덕적일 수 있기 때문이다.

여기에서 세 번째 관점인 '경제적 이기주의'가 등장한다. 이것은 자신에게 이익이 되는 것을 최소의 비용으로 달성하는 효율적 행위만을 합리적이라고 생각하는 태도를 뜻한다. 현대인들은 근본적으로 '호모 이코노미쿠스homo economicus', 즉 경제인이다. 존 스튜어트 밀John Stuart Mill이 처음 사용한 이 말은 오로지 부를 소유하는 것만을 갈망하고 그 목적을 달성하기 위한 수단의 상대적 효율성을 판단할 수 있는 존재다. 이들은 최소의 비용을 들여 최대의 효과를 얻으려고 한다. 행위의 동기는 자기 이익이다.

이기주의가 경제적 관점에서 이해되면서, 개인은 계산적이고 탐욕스러운 존재라는 부정적 이미지를 얻었다. 그렇지만 개인이 존재하지 않은 채로 타인과 합리적 관계를 맺을 수 있을까? 오히려 "내가 원하는 것을 나에게 주면 당신이 원하는 것을 가지게 될 것이다"라고 생각하지 않는가? 애덤 스미스Adam Smith는 이기주의의 사회적 효과를 매우 인상적으로 서술했다.

우리가 매일 식사를 마련할 수 있는 것은 푸줏간 주인과 양조장 주인, 그리고 빵집 주인의 자비심 때문이 아니라, 그들 자신의 이익을 위한 그들의 고려 때문이다. 우리는 그들의 자비심에 호소하지 않고 그들의 자애심에 호소하며, 그들에게 우리 자신의 필요를 말하지 않고 그들 자신에게 유리함을 말한다.[2]

그렇다면 이기주의Egoism와 이타주의Altruism를 나의 이익만을 추구하느냐, 타인의 이익만을 추구하느냐의 이원적 관점으로 딱 잘라 구분할 수 있을까? 이기주의는 결코 이타주의를 배제하지 않는다. 이기적인 사람도 가난하거나 불쌍한 사람을 보면 동정심이 생길 수 있다. 그렇다고 해서 이 사람이 이기주의자가 아닌 것은 아니다. 어떤 행위를 할 때 근본적인 동기가 나의 이익 추구에 있기 때문이다. 따라서 동정심으로 도덕적 판단을 하는 것은 바람직하지 않다.

같은 맥락으로 이기주의자라고 해서 반드시 부도덕한 것도 아니다. 시장 경제의 철학적 토대를 마련한 애덤 스미스가 『국부론』뿐만 아니라 『도덕감정론』을 썼다는 것은 매우 시사적이다. 그는 이 책을 다음과 같은 문장으로 시작한다.

> 인간이 아무리 이기적인 존재라 하더라도, 그 천성에는 분명히 이와 상반되는 몇 가지가 존재한다. 이 천성으로 인해 인간은 타인의 운명에 관심을 가지게 되며, 단지 그것을 바라보는 즐거움밖에는 아무것도 얻을 수 없다고 하더라도 타인의 행복을 필요로 한다.[3]

인간이 이기적이라고 해서 연민과 동정심, 그리고 공감

능력이 없는 것은 아니다.

이번에는 반대로 마더 테레사 같은 이타주의자가 있다고 가정해보자. 그들은 타인만 사랑하고 자기 자신은 사랑하지 않을까? 그들에게도 자기애가 있다. 자기 사랑은 엄밀한 의미에서 이기주의이므로 결론적으로 이타주의도 이기주의의 한 유형이다. 따라서 이기주의와 이타주의를 이원적 관점에서 판단하는 것은 인간의 특성을 파악하는 데 별로 도움이 되지 않는다.

오늘날 우리가 사는 현대사회에서는 이기주의가 오히려 이타적일 수 있다. 사람들이 이기적일수록 사회 전체의 이익은 점점 커지기 때문이다.

애덤 스미스가 『국부론』에서 개인은 "자신의 이익을 추구함으로써 흔히 그 자신이 진실로 사회의 이익을 증진시키려고 의도하는 경우보다, 더욱 효과적으로 그것을 증진시킨다"[4]고 한 것과 같은 맥락이다. 이 말은 모든 사람이 다 이타적으로 행동하면 사회는 발전하지 않는다는 뜻이다.

반대로 자기의 이익을 추구하면 할수록 보이지 않는 손에 의해 사회 전체의 부가 커지고 공동체가 부유해지면서 다른 사람에게도 도움이 되기 때문에 이타적이 된다. 이것이 이기주의의 역설이다. 나만을 위해서 한 행동이 결국 타인에게도 긍정적인 영향을 미친다는 것이다.

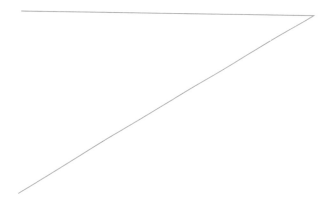

세상에는
좋은 이기주의도 있다

그럼에도 사회에서 상호 교류하는 개인들의 문제에서 이기주의는 여전히 부정적으로 인식될 때가 많다. 니체는 이렇게 말한다.

어떤 사람의 덕을 선하다고 부를 때, 이는 그것이 그 사람 자신에게 미치는 영향이 아니라, 그것이 우리와 사회에 미치는 영향을 전제로 하는 것이다. 사람들은 예전부터 덕을 칭송함에 있어 결코 '사심이 없거나' '비이기적'이었던 것은 아니다.5

사회적 맥락을 우선시하다 보면 이기주의를 나쁘게 보게 된다. 이때의 핵심 질문은 '이기주의가 사회에 이익이 되는가?'다. 이것만을 너무 강조하다 보니 결과적으로 개인의 모든 행위는 부정적인 것으로 비춰진다.

예를 들어, 부지런히 일하며 힘쓰는 '근면'과 어떤 일을 하더라도 정성스럽게 하는 '성실', 그리고 순순히 따르는 '순종'이라는 덕목을 생각해보자. 근면이 과하면 건강과 정신의 독창성이 훼손된다. 성실은 개인이 일탈하지 못하도록 막고, 순종은 주어진 과제를 아무런 저항 없이 수행하도록 한다. 사회가 이러한 덕목을 오용하면 개인은 결국 '열정을 착취'당한다. 사람들이 덕으로 칭송하는 비이기적인 행위는 개인에게는 해가 되고 사회에만 이익이 되는 것이다.

여기에서 우리는 개인의 관점에서 질문의 방향을 바꿀수 있다. 사회가 아니라 '나에게 이익이 되는 것은 무엇인가?'. 니체는 이기주의가 사회가 강요한 덕성이라는 점을 꿰뚫어 봤다.

한마디로 덕에는 비이성적인 점이 있으며 이를 통해 개인을 전체를 위한 기능으로 탈바꿈시킨다. 덕을 칭송하는 것은 그 개인에게 해로운 어떤 것을 칭송하는 것이고, 인간에게서 가장 고귀한 자기애와 자신을 지키는 최상의 능력을 빼앗아 가는 충동들을 칭송하는 것이다.6

현대의 개인은 이제 생각을 바꿔서 사회에 봉사하는 일보다 자신의 보존과 발전을 더 중요하게 여긴다.

우리가 이기적이지 않은 이웃을 칭찬하는 것은 우리가 그의 활동으로 이익을 얻기 때문이다. 사람들은 타인에게는 "당신은 스스로를 포기하고 희생해야 한다"고 말하면서도 이 도덕적 명령을 자신에게는 적용하지 않으려 한다. 이로써 이타주의가 사실은 이기주의의 다른 모습이었음이 밝혀진다.

아이러니하게도 나에게만 이익이 되는 것은 궁극적으로 나에게도 도움이 되지 않는다. 자신에게 이익이 되면서도 동시에 다른 사람을 개인으로 존중할 수 있는 건강한 이기주의를 찾아야 한다. 옆사람이 고통당하는 모습을 보면 나 역시 괴로워진다. 고통당하는 사람의 수를 줄여야 나에게도 도움이 되기 때문에 질문을 바꿔서 나에게 이익이 되는 것은 무엇인지 찾아야 한다.

인간이 이기적이면서 동시에 이타적일 수 있는 것은 사회적인 동물이자 비사회적인 동물이기 때문이다. 독일의 철학자 임마누엘 칸트Immanuel Kant는 이런 특성을 아주 예리하게 포착했다. 칸트를 흔히 도덕주의의 대가라고 평가하기 때문에 이기주의, 개인주의, 비사회성 같은 것을 부정적으로 평가했다고 생각하겠지만 놀랍게도 그는 정반대로 이야기한다.

> 인간은 자신을 사회화하려는 경향을 갖고 있다. 사회적 상태 속에서 인간은 자신을 인간 이상으로서, 즉 그의 자연적 소질의 계발을 느끼기 때문이다. 반면에 인간은 자신을 개별화하려는 (자신을 고립시키려는) 강한 성향도 가지고 있다. 그는 내면에서 동시에 모든 것을 단지 자신의 의향대로 행하고자 하는 비사회적 특성과 마주치기 때문이다. 따라서 인간은 자신이 다른 사람들에 대해 저항하고자 하는 경향이 있다는 것을 스스로 알고 있으므로 도처에서 저항에 부딪치게 될 것을 예견한다.7

인간은 원래 이기적이고, 인간의 사회성은 놀랍게도 비사회성에 기인한다. 그는 이 점을 아름다운 비유로 설명했다. 산을 오르다 보면 종종 만나는 구불구불하지 않고 곧게 자라는 재래종 소나무를 떠올려보자. 우리나라가 자랑하는 금강송은 단단한 몸을 자랑이라도 하듯 하늘 높이 솟아 있다. 왜 이런 소나무는 휘어지지 않고 하늘을 향해서 똑바로 자랄까? 칸트의 말을 들어보자.

숲속의 나무들은 서로에게 공기와 햇빛을 빼앗으려 하고 위로 성장하도록 서로 압박함으로써 아름답게 꼿꼿하게 성장한다. 반면에 자유분방하게 서로가 분리되어 가지를 제멋대로 뻗고 자라나는 나무들은 기형이 되거나 기울어지고 굽은 형태로 성장한다. 인류를 장식해주는 모든 문화와 예술 및 가장 아름다운 사회적 질서는 비사회성의 결실들이다.[8]

나무가 똑바로 자라는 이유는 다른 나무보다 더 많은 햇빛과 양분을 받기 위해 경쟁하기 때문이다. 나무 사이의 거리가 멀고 영양이 풍부해 경쟁할 필요가 없는 산림에서는 나무들이 자유롭게 비틀어지고 구불구불한 형태로 자란다. 울진, 청송 지역에서 자라는 곧은 소나무를 보면 인간이 가진 이기심이나 경쟁을 떠올리게 된다.

인간은 비사회적이기에 사회를 구성한다. 칸트는 이를 다음과 같이 표현했다. "인간은 융화를 원한다. 그렇지만 자연은 인류를 위해 무엇이 좋은 것인가를 더 잘 알고 있다. 그래서 자연은 불화를 원한다."9 인간은 서로 갈등을 피하며 안락하고 만족스럽게 살고자 하지만, 자연은 인간이 나태함과 수동적인 만족감에서 벗어나 자신을 발전시키기를 원한다.

이기심은 늘 이타심에 우선한다. 우리는 이기적이기 때문에 이타적일 수 있다. 니체의 표현을 빌리자면, 인간이 이렇게 성장하는 것은 자기 극복의 결과다. 타인의 저항에도 불구하고 자신을 보존하고 발전하겠다는 의지가 발현되는 것이다. 나무들이 태양과 빛을 찾기 위해 경쟁하면서 똑바로 자라는 것처럼 인간의 성장은 생존을 위해 투쟁하는 이기주의 때문에 가능하다.

이제 왜 니체가 고귀한 영혼의 특성은 이기주의라고 이야기했는지 그 이유를 알게 되었다. 개인주의를 이기주의와 연관해 서술한다면 개인주의는 서로의 성장을 원하는 이기주의라고 볼 수 있다. 만약 우리가 이기적이지 않다면 결코 우리의 능력과 이성을 사용하지도, 개발하지도 않을 것이다.

현실에서 부정적인 의미로 이해되는 이기주의는 엄밀히 말하면 '타락한 개인주의'다. 긍정적 의미의 개인주의, 건강한 개인주의는 서로의 성장을 도모하는 반면, 타락한 개인주의는 자신의 성장만을 갈망한다. 타락한 개인주의는 타인을 수단으로 대함으로써 자신의 이익도 파괴하는 태도다.

누구에게나
숨을 곳이 필요하다

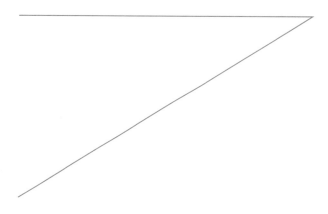

개인은 도덕의 출발점이다.[10] 윤리학은 어떤 행위의 옳고 그름을 판단하는 규범적 척도에 관한 학문이다. 여기에서도 중심은 개인의 행위다. 개인은 자신의 행위를 스스로 선택하고, 판단할 수 있다고 믿기 때문이다. 자신의 행동은 본인의 의지가 아니라 부모의 가르침을 따른 것뿐이라고 생각하는가? 그렇다면 당신은 독립하지 못하고 여전히 부모에게 종속된 상태다.

홀로 있는 것, 스스로 판단하는 것, 개인을 의미하는 것이 부정적으로 심판받던 시절이 있었다. 어딘가에 구속되어 행동하고 개인적 감성이 아니라 무리 본능에 따라 행동할수록 도덕적이라고 평가하던 시대가 있었다. 자유가 사회 구성의 원리와 이념으로 부상하면서 비로소 개인이 판단과 행위의 주체로 인식되었다.

현대는 분명 '인간의 시대'다. 고대와 중세가 인간을 넘어서는 초월적 절대자에 우선성을 부여한 시대였다면, 근현대는 인간이 자기 자신에게 관심을 가지면서 출발한 시대다. 이것이 인본주의, 즉 휴머니즘이다. 인간의 자기 발견은 모든 개인이 어떤 이유에서도 훼손될 수 없는 존엄과 권리를 가지고 있다는 인식에서 비롯되었다. 이런 점에서 인본주의는 개인주의다.

그렇다면 독립된 개체로서의 개인은 어떤 발견으로 드러났을까? 첫째, 개인은 몸의 주체다. 근대인들이 초월적 신으로 향했던 시선을 자신에게로 돌려서 가장 처음 발견한 것은 바로 자신의 '몸'이었다. 우리는 어떻게 느끼는가? 외부환경을 어떻게 경험하고 통제하는가? 어떻게 생존하는가? 이런 물음들은 모두 우리의 몸을 가리키고 있었다. 이런 맥락에서 개인은 자신의 몸을 소유하며 그에 대한 통제권을 갖는다. 요즘에는 여기에서 더 나아가 성적 자기 결정권의 문제로까지 확산되었다.

둘째, 개인은 노동으로 생활수단을 스스로 생산한다. 생존을 위해서는 음식과 음료, 그리고 자연이 제공하는 수많은 사물이 필요하다. 우리는 노동으로 자연의 자원을 자기 것으로 만든다. 즉, 소유가 발생하는 것이다. 로크는 노동만이 소유를 주장할 수 있는 유일한 정당성의 근거라고 이야기했다. 나의 몸과 인격이 내 것이듯, 인간은 몸과 인격을 보호하기 위해 소유한다. 우리는 자신이 원하는 삶을 살기 위해 이를 실현할 수단을 스스로 만들어야 한다.

이러한 소유권은 몸뿐만 아니라 자신이 통제하고 움직이는 공간에도 적용된다. 혹시 어려서 가족과 함께 방을 쓴 적이 있는가? 과거에는 온 가족이 방 한 칸에서 지내는 일이 흔했다. 당연히 가족 구성원의 프라이버시는 존재할 수 없었다. 요즘은 어떤가. 자녀가 청소년기에 접어들면 부모는 각 자녀에게 자기만의 방을 주려고 한다. 아이는 부모와 처음 분리될 때 무서워하며 문을 열어놓지만, 어느 순간부터 문을 굳게 잠그고 완벽하게 차단된 자기만의 공간을 만든다. 부모라면 이런 상황을 자녀의 성장으로 보고 기뻐해야 한다. 개인이 되어야 독특한 자기만의 판단 기준과 취향이 생기고 인격체로 완성되기 때문이다. 따라서 개인은 자신의 정체성을 위해 접근의 통제권을 요구할 수 있어야 한다. 버지니아 울프의 말처럼 "자기만의 방"[11]은 개인의 전제조건이다.

셋째, 개인은 인격을 갖고 있다. 인격은 개인이 인간으로서 가지는 품격이다. 모든 인간은 목적 자체로 존경받아야지 결코 수단으로 사용되어서는 안 된다고 주장한 칸트는 개인의 전제조건으로 주체성, 자율성, 책임성을 들었다. 행위의 주체인 나는 스스로 생각해야 하고, 타인의 입장도 고려할 수 있어야 하며, 일관성 있게 사고할 줄 알아야 한다. 이것은 상당히 도덕적인 개념이자 개인을 존중하는 긍정적인 덕목이다. 개인은 자신의 삶을 스스로 결정할 때 비로소 "마치 하나의 보석처럼 스스로를 위해, 자신의 완전한 가치를 내면에 갖고 있는 그 무엇으로서 빛난다".[12]

개인은 자신의 주인이 될 때 사회의 책임 있는 구성원이 되며 나의 성장과 사회의 성장을 함께 도모할 수 있다. 이런 관점에서 개인주의가 보편화될수록 사회는 훨씬 더 풍요롭고 건강해진다. 이와는 반대로 전혀 관계없는 타인이 나의 주인이 되면 나는 노예로 전락한다. 스스로 생각하길 멈추고 미디어에서 보이는 대로 판단하거나 개인의 취향 대신 사회의 유행에 따라 소비한다면 유행의 노예, 문화의 노예가 되는 셈이다. 이런 관점에서는 사회가 자신보다 훨씬 더 중시되는 결과를 초래한다.

나는 지금껏 수많은 커플의 결혼식에서 주례를 맡았다. 그때마다 새롭게 가정을 일구는 사람들에게 들려주는 말이 있다.

"지금은 여러분이 사랑으로 모든 것을 해결할 수 있다고 생각하고 아무런 갈등도 모순도 없을 거예요. 그렇지만 8일 정도가 지나면 상대방이 나와는 많이 다른 것을 느낄 겁니다. 갈등은 나쁜 게 아닙니다. 다만 갈등을 해결할 수 있는 자신과 가족만의 문화를 만드는 것이 중요합니다."

친밀한 관계에서도 프라이버시는 매우 중요하다. 사회적 갈등을 겪을 때 하루 24시간, 1년 365일 쉬지 않고 싸우다 보면 너무 지쳐서 파멸의 길로 들어서게 된다. 따라서 누구에게나 갈등에서 벗어나 나를 숨기고 잠시 쉴 수 있는 개인의 공간이 필요하다. 온전히 내가 통제할 수 있는 공간이야말로 진정한 동굴이다.

최근에 재미있게 본 〈퀸스 갬빗〉이라는 드라마가 있다.

천재 체스 플레이어인 한 여성이 남성 중심의 체스 세계에서 정상에 오르는 과정을 흥미롭게 그린 드라마다. 주인공은 치열한 경쟁이 펼쳐지는 체스판을 두고 '이 공간에서는 내가 완전히 통제할 수 있는 나만의 세계가 펼쳐진다'고 말한다. 그에게는 체스판이 완벽한 프라이버시의 공간으로 자리매김한 것이다.

이 공간은 그냥 주어지지 않는다. 우리의 프라이버시를 훼손하고 감시하고 통제하려는 외부의 힘은 얼마든지 존재한다. 그것은 CCTV일 수도, 타인의 시선일 수도, 근거 없는 소문일 수도 있다. 프라이버시를 확보하기 위해서는 저항하고 대립해 싸워서 쟁취해야 한다. 개인은 자신을 인정하고 존중하는 타인을 통해 자존감이 높아진다. 서로의 프라이버시를 존중할 때 건강한 개인주의 사회가 만들어질 수 있다.

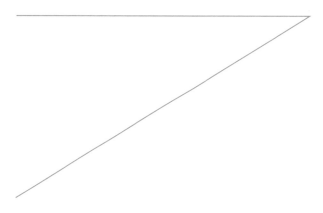

사람을
사람답게 만드는 것

우리는 다른 사람을 존중하고 배려하는 이타주의가 인간다움을 실현한다고 생각한다. 많은 사람이 스스로 이타주의자를 자처하고, 때로는 생각만큼 이타적이지 않은 자신에게 실망한다. 인류애와 동포애에 깔린 이타주의가 사람을 사람답게 만든다고 생각하기 때문이다. 정말 다른 사람을 위해 자신을 희생하는 것이 인간다운 것일까?

이타주의에는 인간의 공감 능력이 전제된다. 그런데 우리가 타인의 고통에 공감한다고 하더라도 반드시 누군가의 삶을 개선하는 데 도움이 되지는 않는다는 연구가 많다.[13] 공감이 지나쳐 자신에게는 소홀해지거나 그저 생각에만 그칠 뿐 구체적 행위로 이어지지 않기도 한다. 인간의 공감 능력에는 한계가 있어서 다른 사람의 감정에 반응은 하되 미러링은 제한적으로 이루어진다. 공감하는 고통은 실제의 고통과 다르며 상대방이 누구냐에 따라 달라지기 때문이다. 물리적·심리적으로 가까운 사람일수록 쉽게 공감할 수 있고 거리가 멀면 공감이 일어나지 않는다. 이것이 과연 인간다운 것일까? 예일대학교 심리학과 교수 폴 블룸Paul Bloom은 "공감이 높다고 좋은 사람이 되는 것이 아니고, 공감이 낮다고 나쁜 사람이 되는 것도 아니다"라고 말한다.[14]

그렇다면 우리는 사람을 사람답게 만드는 것을 다른 곳에서 찾아야 한다. 칸트는 이 문제를 해결하기 위한 좋은 단서를 제공한다. 사람다움의 평가는 다른 사람의 처지와 고통을 공감하는 데 있는 것이 아니라 다른 사람을 어떻게 대하는가에 달려 있다는 것이다. 칸트는 타인을 대할 때의 태도에 대해 이렇게 설명했다.

우리의 의지로 인해 실존하지는 않지만 자연에 기반을 두고 있더라도 이성이 없는 존재는 수단으로서의 상대적 가치밖에 없으며, 따라서 물건이라고 불린다. 반면에 이성적인 존재는 인격이라고 불린다. 인격의 본성이 이미 목적 자체로서, 즉 단순히 수단으로 사용되어서는 안 되며 따라서 모든 자의를 제한하는 것, 그리고 존경의 대상인 그 무엇으로 분명히 밝혀졌기 때문이다.[15]

왜 물건과 인격을 대비해서 설명했을까? 이기적인 욕구를 충족하는 과정에서 타인을 물건으로 대하는 태도는 부정적 이기주의지만, 개인적인 욕구를 추구하면서도 타인을 나와 같은 욕망이 있는 인격체로 대하는 태도는 건강한 개인주의이기 때문이다.

인격은 개인의 도덕적 가치다. 인격을 존중한다는 것은 사람을 물건으로 대하지 않는다는 것이다. 내가 물건으로 취급받고 싶지 않다면 나 역시 다른 사람을 수단으로 여겨서는 안 된다. 이런 의미에서 인간 존엄의 보루는 개인이다.

이성적 존재자는 모두 다음과 같은 법칙에 종속되어 있다. 즉, 그들 각자가 자기 자신과 다른 모든 이성적 존재

자를 결코 단순히 수단으로서가 아니라 항상 동시에 목
적 자체로서 취급해야 한다는 법칙이다.16

이것이 개인주의 사회에서 요구되는 최소한의 도덕 원
칙이다.

다시 우리 사회로 돌아와보자. 2018년 〈뉴욕 타임스〉
는 대한항공 회항 사건을 설명하며 'gapjil(갑질)'이라는 단
어를 그대로 사용했다. 이제 갑질은 우리나라에서 수출된
대표적인 단어가 되었다. 이 말은 권위주의적인 위계질서
에서 다른 사람의 인격을 존중하지 않고 물리적 또는 언
어적 폭력을 행사하는 것이다. 더 간단하게는 다른 사람을
인격체로 존중하지 않고 물건으로 대하는 것을 뜻한다. 그
런데 왜 이런 갑질이 우리나라에서 일상화되고 보편화되
었을까? 여전히 대한민국 사회에 집단주의 문화가 지배적
이기 때문이다.

따라서 우리는 칸트의 말대로 '자율은 모든 이성적 존
재가 존엄받을 근거'라는 명제에 귀 기울여야 한다. 성숙
한 개인이라면 스스로 정한 규칙을 따른다. 예를 들어, '나
는 아침형 인간이기 때문에 아침 6시에 일어나서 목욕하

고 독서를 하겠다'라는 규칙을 정했다고 해보자. 이것은 누군가에게 강요받지 않고 스스로 정한 규칙이다. 단, 이것이 타인의 삶을 훼손하거나 침해해서는 안 된다.

개인에게 속한 자율은 강요된 법칙에 저항함으로써 지켜진다. 우리가 갑질을 제거하고 극복할 수 있는 유일한 수단도 바로 이것이다. 어떤 사람이 나에게 갑질한다면 그것이 잘못된 행동이라는 점을 분명하게 지적하고, 나의 인격과 존엄을 파괴하지 못하도록 막아야 한다. 진정한 개인으로 바로 서는 일은 결코 저절로 이루어지지 않는다.

결론적으로 도덕적 개인이 되기 위해서는 우리 스스로가 목적 자체로 존재해야 한다. 자신이 가야 할 방향을 주체적으로 설정하는 능력이 필요하고, 부모나 사회적인 관습, 규범에 따라 타의로 주어지지 않도록 경계해야 한다. 그리고 내가 그렇게 하듯 다른 사람 역시 자신의 목적을 자신의 기준에 따라 세울 수 있다는 것을 인정해야 한다. 그리고 나면 우리는 타인을 수단이 아니라 목적으로 대하게 된다.

우리가 원하는 것은 이기적이지 않은 개인주의다. 타인의 인정을 통한 자기 인정, 자기 인정을 바탕으로 한 타인의 인정. 이 두 가지가 호혜적인 관계를 유지할 때 비로소 건강한 개인주의가 탄생하게 된다. "존경과 권리를 교환하는 것은 모든 교류의 본질로서 사물의 자연 상태에 속한다"[17]는 니체의 말은 여전히 타당하다.

이런 관점에서 우리가 앞서 이야기했던 것처럼 개인주의의 정언명법은 무엇일까?

너는 너 자신의 인격뿐만 아니라 다른 사람의 인격에서도 인간성을 항상 목적으로 사용하고 결코 수단으로 사용하지 않도록 행위하라.

이런 도덕법칙을 우리 삶 속에서 실현한다면, 이 사회는 '몸'과 '소유'와 '인격'을 프라이버시의 근거로 인정하는 건강한 개인주의를 발전시킬 것이다.

여전히 확신 없이 불안함을 껴안고 사는 것이

우리의 자화상이다.

당신은 어떤 세대에 속해 있습니까?

내 삶의 무게는
어느 정도일까?

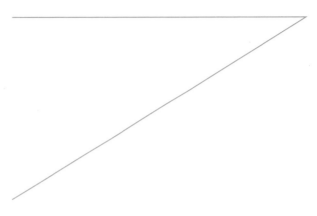

  이번 장은 도발적인 질문을 던지며 시작해보자. 당신은
모두와 차단된 채 완벽하게 혼자 지낼 수 있는가? 다른 사
람의 시선은 전혀 신경 쓰지 않고 고독을 사랑할 수 있는
가? 아니면 반대로 외로움을 많이 느껴서 다른 사람과의
관계에서 나 자신을 찾는 사람인가? 아무리 '혼삶'이 대세
인 시대라고 해도 모두가 그런 삶을 원하는 것은 아니다.
니체는 『차라투스투라는 이렇게 말했다』에서 아주 의미
심장한 말을 한다.

어떤 사람은 자신을 찾으려고 이웃에게로 가고, 또 다른 사람은 자신을 잃고 싶어서 이웃에게로 간다. 그대들 자신에 대한 그대들의 그릇된 사랑은 고독을 감옥으로 만든다.[1]

인간이 타인과 관계를 맺는 이유는 고독함을 잊고 싶어서이기도, 사회에서 나 자신을 찾고 싶어서이기도 하다. 고독한 상태에서 자기 자신을 찾지 못한다면, 결국 감옥에 갇힌 것 같은 상태가 된다. 원하든 원치 않든 군중 속에서 어울려 살아갈 수밖에 없는 요즘, 혼자 살아간다는 것은 과연 어떤 의미일까?

21세기 인간관계의 무게는 분명 몇십 년 전보다 훨씬 더 가벼워졌다. 지금은 과거에 비해 전통의 구속을 덜 받고, 개인화의 물결 속에서 우리를 옥죄었던 온갖 관계에서 해방되었다. 그런데도 여전히 자유보다는 구속을 느끼는 사람이 많은 이유가 무엇일까? 현대인들이 받는 인생의 무게는 정말로 가벼워졌을까?

요즘에는 가볍게 사는 게 트렌드여서 진중한 말이나 행동을 할 때면 "뭘 그렇게 심각하게 생각해?"라는 말을 듣기도 한다. 비슷한 흐름으로 회사에서도 깊이 있는 것보다는 톡톡 튀는 창의적인 사람이 되길 요구한다. '개인적 창의성Individual Creativity'이 대세가 된 것이다. 창의성은 새로운 가치와 제품을 창조하고 변화하는 상황에 적응할 수 있는 능력이다. 창의적으로 생각하려면 유연해야 하고, 그러기 위해서는 사회의 다양성을 인정해야 한다. 따라서 개인의 창의성을 요구하면서도 개인은 허용하지 않는 것은 모순이다.

게다가 오늘날에는 과거처럼 한 우물만 깊이 파서 오랜 기간 축적하는 전문지식보다 어떤 상황이든 유연하게 대응할 수 있는 트렌디한 정보를 더 중요하게 여긴다. 무겁게 돌아가는 조직은 급변하는 사회를 따라갈 수 없다. 이것이 '조직적 혁신Organizational Innovation'이다. 세계적인 경제학자이자 하버드대학교 교수인 클레이튼 크리스텐슨Clayton M. Christensen은 자신의 저서 『혁신기업의 딜레마』에서 '파괴적 혁신Disruptive Innovation'이라는 강력한 개념을 제시하며 조직을 완전히 무너뜨릴 정도로 뒤바꿔야만 살아남을 수 있다고 주장한다.[2] 이 개념은 오스트리아의 경제학자 조지프 슘페터Joseph A. Schumpeter까지 거슬러 올라간다. "자본주의는 창조적 파괴의 끊임없는 강풍을 필요로 한다"[3]는 슘페터의 주장은 현대사회의 이중성을 적나라하게 보여준다.

우리가 살고 있는 21세기는 속도의 시대, 가속화의 시대다. 노르웨이 오슬로대학교의 사회인류학과 교수인 토머스 에릭슨Thomas Eriksen은 "현대성은 다름 아닌 속도다"[4]라고 말했다. 또 미국의 사회학자 피터 콘래드Peter Conrad는 "현대성이라는 것은 결국 시간의 가속화와 관련된 문제다"[5]라고 말하기도 했다. 독일의 사회학자 하르트무트 로자Hart-mut Rosa는 "현대화의 경험은 가속화의 경험"이라고 진단한다. 현대사회가 발전 전략으로 요구하는 혁신은 발전 속도를 점점 빠르게 하고 결국에는 시간의 안정을 깨뜨린다. 때로 현기증이 날 정도로 빠른 변화의 흐름 때문에 사람들은 무력감을 느끼기도 한다.

그런데 이러한 가속화 시대 속 개인에 대한 분석은 이미 백여 년 전부터 여러 학자에 의해 제기되었다. 독일의 유명한 경제학자이자 정치학자인 카를 마르크스Karl Marx는 노동자 계급의 혁명을 주장한 사회주의 사상가이기도 하지만 현대인이 겪는 삶을 철저하게 해부한 철학자이기도 하다. 그는 봉건사회에서 현대사회로 넘어가면서 사회관계가 지속해서 변한다는 것을 예리하게 파헤쳤다. 혁명이란 고대 노예사회에서 중세 봉건사회로, 그리고 현대 자본주의 사회로의 이행을 가속해서 더 좋은 사회로 빨리 도달하고 싶어 하는 마음이 표출된 것으로 보았다.

독일의 사회학자 게오르크 지멜 역시 이런 과정에서 태어난 도시의 삶과 시간의 상실을 예리하게 분석했다. 그는 도시와 농촌의 차이를 익명성과 속도로 파악했다. 도시에서는 개인의 익명성이 보장되며 변화의 속도가 상당히 빨라서 휴대전화나 시계를 보고 날짜와 시간을 실시간으로 확인하는 반면 농촌에서는 해가 뜨는 시간, 계절의 흐름 등을 보고 직감적으로 시간을 파악한다.

또한 프랑스의 사회학자이자 교육자인 에밀 뒤르켐Émile Durkheim은 도시와 현대의 가속화 사회를 아노미 상태로 설명했다. 이제는 하나의 고정된 가치가 존재하지 않기 때문에 수많은 가치가 전쟁을 벌이며 마치 무정부상태 같은 혼란을 초래하고, 도덕적 질서가 붕괴된다는 것이다.

우리가 부인할 수 없는 21세기의 특징 중 하나는 속도의 시대라는 점이다. 마르크스가 프리드리히 엥겔스Friedrich Engels와 쓴 『공산당선언』의 유명한 문장을 살펴보자.

지배권을 얻은 부르주아는 봉건적, 가부장제적인 그리고 목가적인 관계들을 모두 파괴했다. 그들은 타고난 상전들에게 사람들을 묶어놓던 갖가지 색깔의 봉건적 끈들을 가차 없이 끊어버렸고 인간과 인간 사이에 적나라한 이해관계, 무정한 현금 지불 외에 다른 어떤 끈도 남겨두지 않았다. 그들은 신앙심에서 우러나오는 경건한 광신, 기사의 열광, 속물적 애상의 성스러운 전율을 이기적 타산이라는 얼음같이 차가운 물속에 익사시켰다. 부르주아지는 개인의 존엄을 교환 가치로 용해시켰고, 문서로 확인되고 정당하게 획득된 수많은 자유를 단 하나의 비양심적인 상업 자유로 대체했다.6

과거에 인간을 구속했던 수없이 많은 관계는 이제 적나라한 이해관계, 즉 현금 지불이라는 냉혹한 관계로 변했다. 이제 사람들은 나에게 이익이 되는지 아닌지만 보고 타인과 관계를 맺는다. 이런 관점에서 마르크스는 "신분적이고 정체된 것은 모두 증발한다"7고 이야기한다.

독일어로 신분이란 슈탄트stand, 복수로는 슈텐데stände다. 이 단어는 '서 있다'라는 뜻의 '스테헨stehen'에서 유래했다. 우리에게 안정감을 주는 고정된 것들은 다 증발해버리고 세계는 끊임없이 변화한다는 것이다. 생산기술이 발달하면 생산수단이 변화하고 생산관계 역시 끊임없이 요동친다. 불안정하게 계속해서 운동하는 21세기에 안정된 사회를 원한다는 것은 시대착오적인 욕망과 꿈일 뿐이다. 우리가 살고 있는 이 사회는 끊임없이 변화하는 '속도와 가속화의 시대'이기 때문이다. 변혁하지 않고서는 사회가 발전할 수 없는 것처럼, 인간 역시 바뀌지 않으면 생존을 위협받는다. 변화하는 사회와 시대에 맞춰가기 위해 개인은 이렇게 점점 더 가벼워진다. 이런 사회에서 존재의 무게는 어느 정도일까?

헤드폰 속 세계에
갇힌 사람들

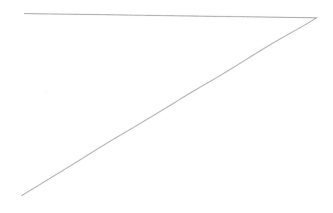

이렇게 끊임없이 변화하는 물결 속에서 개인이 홀로 살아남는 것은 쉬운 일이 아니다.

흐르는 물에서는 힘을 푼 채 가볍게 몸을 물에 띄우고 흐름에 모든 것을 맡겨야 한다. 그렇지 않으면 금세 물속으로 가라앉아 버린다. 마찬가지로 격변하는 시대의 물결에서는 흐름에 몸을 맡겨야 익사하지 않고 순조롭게 떠내려 갈 수 있다.

가속화는 사회 곳곳에서 전방위적으로 발생한다. 먼저 기술적 가속화가 완전하게 이루어지면서 소통과 정보처리, 교통 속도가 급격하게 빨라졌다. 정보는 전통적인 언론 매체와 다르게 실시간으로 전송되고, 교통 역시 우리나라 어느 지역이든 한나절이면 도착할 수 있을 만큼 발달했다. 이런 과정에서 사회적 변동도 가속화되어 뉴욕에서 유행하는 라이프스타일이 다음 날이면 서울에 퍼진다는 말까지 등장했다. 결과적으로 생활 리듬 역시 빨라졌는데, 이러다 보니 현대인들은 늘 시대를 따라잡지 못한다는 불안감을 느낀다.

대체로 좋은 뜻으로 쓰이는 평생학습이라는 말도 이러한 연장선에 있다. 삶의 질 향상과 자아실현을 위해 전 생애에 걸쳐 이루어지는 학습을 뜻하는 이 말 때문에 우리는 죽을 때까지 배워야 한다는 새로운 자기 압박에 사로잡혔다. 과거에는 학교에 다니며 쌓은 지식으로 한평생을 살았지만, 이제는 나이가 들어도 계속해서 새로운 지식을 습득하며 자기를 계발해야 한다.

아무리 발버둥 쳐도 사회와 개인의 거리는 좁혀지지 않는다. 초고속 사회에 눌려 고립된 개인은 새로운 사람과 가까운 관계를 맺어도 언젠가 관계가 끝날지 모른다는 불안함을 느끼고, 세상이 변하는 속도만큼 빠르게 나아가지 못하는 스스로를 무겁게 느낀다. 이런 불안이 퍼질수록 마르크스가 말한 세계로부터의 소외는 일상이 된다. 이처럼 변화를 따라잡지 못한 개인이 낙오되는 현상을 개념적으로 표현한 것이 개인과 사회의 비동조화^{非同調化}, 즉 '디커플링 decoupling'이다.

현대사회에는 개인을 소외시키는 수많은 가능성이 존재한다. 사회뿐만 아니라 시간, 행위, 사물, 공간, 자기 자신 등 다양한 요소에 영향을 받는다. 우리의 행위가 나의 가치에 부합하는지 불안해하고, 주변 사물이 소비의 대상이 되면서 결국 사라져버리기 때문에 사물과도 소외 관계가 형성된다. 비슷한 형태로 짜 맞춘 공간에 살다 보니 주거지에 큰 의미를 부여하지 못하고 생활 공간으로부터도 소외된다. 주변 모든 관계에서 고립된 개인은 자기 자신과도 소원한 관계를 맺을 수밖에 없다.

삶이 겉돌면서 현대인들은 외부로 향하던 시선을 자신에게로 돌리고 전환된 관점에서 스스로를 듣고 느끼는 주체로 변화한다. 독일의 사회학자 하르트무트 로자는 에세이 『소외와 가속』에서 이를 이렇게 분석했다.

나를 둘러싼 세계는 왜 이처럼 나에게 차가울까? 왜 나에게 아무런 목소리를 들려주지 않을까? 좌절한 현대인들은 세계에 귀 기울이려던 노력을 포기하고 자기만의 세상에 갇혀 이어폰을 쓰고 자신만의 음악을 듣는다.

사회는 우리에게 변화하는 환경에 탄력적으로 적응하라고 끊임없이 강요한다. 하루가 다르게 생겨나는 수많은 도전에 나만의 창의적인 방식으로 대처해야 한다고 등을 떠민다. 압박을 극복하고 성과를 내면 위기 대처 능력이 뛰어난 개인으로 거듭나지만, 적응하지 못하고 도태될 때는 환경을 회피하려는 심리적 경향이 나타난다. 이것을 '경험 회피Experiential Avoidance'라고 한다.

적응에 실패한 현대인들은 경험 회피 현상을 아주 광범위하게 보여준다. 이것은 '심리적 안전을 위해 생각, 감정, 기억, 육체적 감각이나 내적 경험을 피하는 태도'라고 정의된다. 현대인이 겪는 수많은 정신적인 장애는 이런 압박에서 비롯되었다. 우울장애, 외상후스트레스 장애, 사회공포증, 공황장애, 광장공포증, 강박신경증장애, 물질사용장애, 식이장애, 경계선 성격장애 등 증상의 수를 헤아리기도 어렵다.

이러한 병리적 현상들은 모두 외부의 변화에 제대로 적응하지 못할 때 발생한다. 인간에게는 선천적으로 불쾌하고 불편한 감정과 상황을 회피하려는 방어기제가 있다. 변화는 종종 우리에게 신선한 기쁨을 주지만, 급격한 변화는 압박으로 느낀다. 이로써 불안이 야기되고, 불안감으로 인해 불확실한 미래는 공포로 다가오고, 두려움을 제대로 해결하지 못하면 공포는 분노를 초래한다. 문제는 불안, 공포, 분노와 같은 부정적 감정들이 아니라 이 감정에 대한 대응이다. 부정적인 감정이 쌓이다 보면 결국 새로운 경험과 일상을 회피하게 되기 때문이다. 급속도로 변화하는 사회에 적응하지 못한 개인은 결국 변화를 거부하게 되는 것이다.

현대인들은 신선한 쾌락을 즐기면서도 불안한 외부환경을 차단하려는 이중성을 보인다. 헤드폰을 쓰고 음악을 들으며 대중에 휩쓸려 걸어가는 사람의 모습을 상상해보라. 이 장면은 바닥에 깊게 뿌리내리지 못한 채 어떻게든 적응하고 살아남기 위해 부유하는 개인의 모습을 상징한다.

그렇다면 나는 도대체 누구인가? 오랫동안 나라고 생각한 모습이 진짜 나인가? 변화하는 사회에서 겨우 발견한 나라는 존재는 얼마나 오랫동안 지속될 수 있는가? 우리를 옥죄던 관계에서 벗어나 나를 되찾았음에도 여전히 확신하지 못한 채 불안함을 껴안고 사는 것이 우리의 자화상이다.

내 속에 너무 많은 나를
포용하는 법

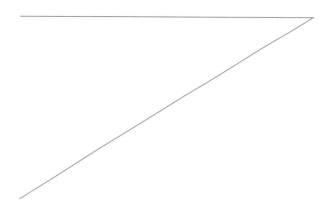

이처럼 가속화된 사회, 일그러진 인간관계에서 우리는 사회를 억압적인 것으로 인식하게 되었다. 조금만 튀면 시시콜콜 간섭하는 상사, 조금 더 오래 살았다는 이유만으로 사사건건 가르치려 드는 어른들, 모든 사람을 주어진 관습과 규범에 맞게 길들이려는 사회. 현대인은 이러한 관계로부터 해방되면 진정한 자아와 자유를 찾을 것이라고 믿었다.

그러나 전통적인 가치가 붕괴했음에도 현대인들은 여전히 자신과 올바른 관계를 맺지 못하고 있다. 해방이 개인에게 새로운 구속이 되었기 때문이다. 이런 현상을 가리켜 '억압적 해방'이라고 한다.

인간은 억압이 없을 때 발전하는 것이 아니다. 오히려 억압을 극복하고 자신의 방식으로 승화시킬 때 비로소 앞으로 나아간다. 억압당한 충동이 문화적으로 가치 있는 노력으로 변화되기 때문이다. 지그문트 프로이트 Sigmund Freud 는 이 같은 변화를 '승화 sublimation'라고 불렀다. 개인은 사회의 억압에 적극적으로 대응하여 그것을 자신에게 의미 있는 방향으로 전환할 때 비로소 진정한 주체가 된다. 하지만 억압의 정도가 개인이 승화시킬 수 있는 한계를 넘으면 고통만 늘어나게 된다.

외부환경은 개인이 감당할 수 없을 정도로 빠르게 변화한다. 이로써 해방은 개인에게 오히려 고통이 된다. 개인은 자신을 구속했던 사회의 변화를 승화시킬 만한 여유가 있어야 하는데, 변화가 너무 빠르면 사회 변동과 개인의 승화 사이에는 간극이 생긴다. 이러다 보니 현대사회에는 초현대적인 외형과 봉건적인 정신을 동시에 갖는 모순적이고 이중적인 특징이 나타나게 되었다.

독일의 철학자 에른스트 블로흐 Ernst Bloch 는 이처럼 근대와 전근대, 현대와 탈현대가 혼재하는 상황을 '비동시적인 것의 동시성Nonsynchronism'이라고 이야기했다.[9] 우리 사회는 근대화의 과도기를 짧게 거치고 봉건사회에서 거의 곧바로 현대사회로 직진했기 때문에 근대, 현대, 초현대가 뒤섞여 있다고 해도 과언이 아니다. 마르크스가 이미 극복했다고 했던 봉건성이 우리 사회에서 여전히 발견되기도 한다. 이것이 바로 '현대적 봉건주의'다.

다시 돌아가서 블로흐의 말을 들어보자.

모든 사람이 존재하는 지금이 똑같은 것은 아니다. 그들 모두를 오늘날 볼 수 있다는 사실 때문에 외부적으로만 똑같은 지금에 존재한다. 그러나 그것이 그들이 다른 사람들과 동시에 살고 있다는 것을 의미하지는 않는다.[10]

이러한 비동시성은 모순의 일상화를 불러왔다. 동시대를 살면서도 어떤 사람은 전통적 사고방식대로 2021년을 보내고, 또 어떤 사람은 2021년 이후에 나타날 포스트코로나 사회를 바라본다. 현재에 다 같이 존재한다고 해서 모두 똑같은 시대정신과 시간 개념을 공유하지는 않는다. 이러한 모순은 심지어 한 사람 안에서 나타나기도 한다. 문화적인 의미에서는 진보적이지만 이성 관계에서는 보수적이라거나 경제적인 측면에서는 초현실적일 만큼 자본주의 논리를 따를 수도 있다. 모순은 나쁜 것, 비정상적인 것이 아니라 이제는 21세기의 뉴노멀New-Normal이자 우리 시대의 기호가 되었다.

패러다임은 변한다. 집단 문화는 개인 문화로 이동하고, 수직적 문화는 수평적 문화로 바뀌었다. 사장, 임원, 부장, 차장으로 이어지는 회사 내 위계질서는 사라지고 서로 편하게 이름을 부르는 수평적 체계가 점점 자리 잡고 있다. 과거에는 공간마저 체계 종속적이어서 사무실 뒤편에서부터 직급 순서대로 책상을 배치했다. 반면에 지금은 자유로운 형태로 근무하는 회사가 늘고 있다.

그럼에도 전통에서 현대로 완전한 이행이 이루어졌다고 할 수는 없다. 지금도 비공식적인 자리에서 누군가를 처음 만나면 먼저 상하관계를 확인하고, 나이로라도 위계를 나누는 모습을 숱하게 본다. 여전히 수직적인 사고가 남아 있는 것이다. 민주적인 동시에 봉건적인 문화가 혼재한 모순적 사회가 삶을 더 무겁게 짓누르고 있다. 예전에는 외부적으로 뚜렷이 나타났던 다양한 관계들이 이제는 우리의 내면에 자리 잡고 있다.

나는 어떻게 행동해야 하나? 지금 여기에서 어떤 역할을 담당해야 하나? 이런 질문에 시시각각 대답해야 하는 현대인은 자신의 내면에 너무 많은 나를 갖고 있다. 이런 복수의 '나들'을 포용할 수 있는 자아를 발전시키지 못하면, 우리는 진정한 개인이 되지 못한다.

변하는 것은
세대가 아니라 시대다

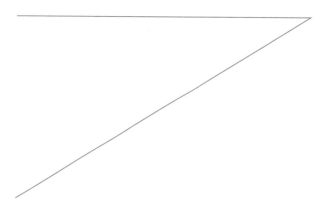

그렇다면 혼란하고 모순된 사회를 가로지르는 시대정신은 무엇일까? 요즘 자주 언급되는 '세대론'은 시대 변화에 따른 사람들의 가치관 변화를 잘 보여준다. 많은 사람이 시대는 무시한 채 세대 변화에만 주목한다는 생각마저 들 만큼 세대론은 강력한 사회과학 용어이자 현상으로 정착했다. 하지만 현상만으로는 그 내면을 파악할 수 없는 것처럼, 세대의 변화만 바라보면 그 밑바탕에 깔린 시대정신을 포착하지 못한다. 여기에서는 세대론을 통해 역사적으로 가치관이 어떻게 달라졌는지 살펴볼 것이다.

우리나라에서 가장 먼저 세대론이 등장한 시기는 1950년대다. 1955~1964년 베이비부머 시기에 태어난 사람들을 산업화 세대라고 하는데, 이들은 자동차라는 기술혁신을 경험하고, 5·16쿠데타, 경제개발 5개년 계획, 새마을운동 등 급격한 정치·경제적인 변화를 겪었다.

그다음 1960~1970년대로 넘어가는 시기에 태어난 X세대가 등장했다. 이들은 앞선 세대에 비해 비물질적인 가치를 다양하게 접하면서 자유, 경험, 세계화, 글로벌 정신과 같은 키워드에 열광했다. 이때 발생한 역사적 사건은 5·18광주민주화운동, 88올림픽, 냉전 체제의 종말 등이다. 이 세대는 현재의 4050으로 가장 활발하게 경제 활동을 하는 주축이다.

이후 1984~1999년 사이에 밀레니얼 세대가 탄생했다. 이들을 대표하는 키워드는 개인, 취향, 경쟁 등으로 간섭을 싫어하며, 인터넷과 함께 성장한 한편 경제적 위기를 동시에 겪었다. 10년 간격으로 IMF 경제위기와 세계금융위기를 겪으면서 경제적 성장에 몰입하기도 하는데, 그러다 보니 자유와 안정을 동시에 원하는 모순된 성향을 보인다.

그러고 나서 마지막으로 지금의 20대, Z세대가 등장한

명칭 (출생연도)	베이비 부머 산업화 세대 (1955~1964)	X 세대 민주화 세대 (1969~1979)	밀레니얼(Y) 세대 (1984~1999)	Z세대 (2000~2009)
대표 키워드	성장, 소유, 경쟁	자유, 경험, 글로벌	개인, 취향, 경쟁	디지털 네거티브, 개인, 공유
대표 기술	자동차	컴퓨터	인터넷	스마트폰
대표 사건	5·16쿠데타, 경제개발 5개년 계획, 새마을운동	5·18광주민주화 운동, 88올림픽, 소련 봉괴	IMF 경제위기, 한일월드컵, 세계금융위기	세월호 사건, 촛불혁명, 미투운동
인구	780만명	870만명	1,100만명	520만명

시대별 세대의 명칭과 특징.
자료: 김용섭, 『요즘 애들, 요즘 어른들』, 21세기북스, 2019, 4~5쪽.

다. 2000~2009년 사이에 태어난 이들은 태어날 때부터 인터넷과 스마트폰에 익숙한 디지털 네이티브로, 철저하게 개인주의화된 세대다. 성장 과정에서 세월호 사건, 촛불혁명, 페미니즘 운동 등 다양한 사회·정치적인 변화를 겪었다. 이들에게는 진정한 개인주의가 탄생할 가능성이 있는 한편, 어떻게 하면 개인을 극복하고 다른 사람과 공존하며 색다른 공동체를 만들 수 있는지가 과제로 남아 있다.

　물론 세대를 이렇게 네 가지로만 분리하는 것은 한계가

있고, 또 이 세대에 포함된다고 해서 모두 똑같은 사고방식을 갖지는 않는다. 분명한 것은 다양한 가치, 때로는 서로 모순적인 가치가 혼재하는 사회에 우리가 살고 있다는 사실이다. X, Y, Z세대 사이에는 자연적 경계선이 없다. 다만 이 세대를 가르는 공통적인 의식은 반권위주의다. 선천적으로 기득권의 명령이나 지시에 저항하는 세대로, 새로운 개인주의를 탄생시킬 가능성이 높다.

MZ세대는 보수적인 기존 세대와 선을 긋고 자유롭게 살려는 경향이 강하다. 그러다 보니 이들이 기성세대를 가리키는 조어까지 탄생했는데, 가장 대표적인 단어가 '꼰대'다. 세대 간에 겪는 모순적 문화현상을 가장 극명하게 드러내는 이 말은 '갑질'처럼 역수출되어 BBC에 'Kkondae'라고 소개되었다.

내 방식대로 정의한 꼰대란 '스스로는 바뀌지 않으면서 남을 바꾸려고 하는 사람'이다. 임홍택 작가가 쓴 『90년생이 온다』에는 다양한 유형의 꼰대가 나온다.[11] 첫 번째는 답정너 유형, '답은 정해져 있고 넌 대답만 하면 돼'라는 식으로 자기 의견만 고집하는 사람을 말한다. 두 번째는 상명하복 유형이다. 군대에서 사용하는 시쳇말로 '까라면 까'

라는 태도를 보이는 상사에게 볼 수 있으며, 유튜브 예능 〈가짜 사나이〉의 인기를 보면 여전히 이런 문화를 동경하는 사람도 많은 것처럼 보인다. 세 번째는 전지전능 유형이다. 새로운 의견을 받아들이지 못하고 늘 부정적으로 "내가 해봐서 아는데"라고 말하는 사람이 이런 유형에 해당한다. 그 외에 무배려 무매너 유형, 분노조절장애 유형, 반말 유형 등도 포함된다.

1950~1960년대에는 꼰대가 존재하지 않았다. 권위적인 사람이 없어서가 아니라 아랫사람에게 지시를 내리거나 의견을 강요하는 일이 자연스럽고 당연했기 때문이다. 그러면 꼰대는 시대가 바뀌면서 일시적으로 나타난 현상일까? 그렇지 않다. 꼰대는 집단주의와 개인주의의 병리적 착종과 다양한 가치가 비동시적이면서 동시적으로 복잡하게 얽히면서 생겨났다. 다르게 말하면 전통과 현대가 병리적으로 결합했기 때문에 탄생한 것이다. 이런 현상은 빠르게 변화하는 현대사회에서 점점 더 강화될 수밖에 없으며 세대 간 모순 현상도 가속화될 것이다.

우리는 스스로 '식민지를 경험한 국가 중에 선진국에 진입한 유일한 나라'라는 자부심이 강하다. 그러나 빠른 산업화와 민주화를 거치면서 사회질서와 태도 등 생활 속의 민주화까지는 뿌리내리지 못했기 때문에 알량한 권력을 휘두르는 꼰대가 생겨났다. 사회가 달라져도 사고방식이 계속해서 정체되어 있다면 꼰대는 생겨날 수밖에 없다.

이제 집단 문화와 개인 문화는 어느 때보다도 극명하게 충돌한다. 집단주의는 항상 동질성을 추구하고 개인주의는 다양성을 추구한다. 이렇게 두 문화가 부딪힐 때 우리 사회는 모순적 경향성을 보일 수밖에 없다.

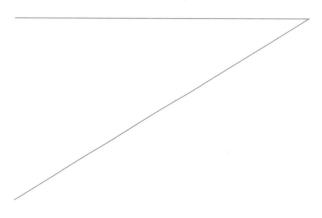

세대론 뒤에
개인이 있다

마지막으로 집단 문화와 개인 문화의 차이를 살펴보자. 사회과학에서 사용하는 개념 중에 집단주의적 동질성과 개인주의적 다원성의 충돌을 극명하게 나타내는 단어가 있다. 사회적 일탈에 대한 규범의 엄격함에 따라 문화를 구별할 수 있다는 전제에서 출발해 이런 차이가 조직의 행위에 어떤 영향을 미치는가를 연구하기 위해 개발된 용어로, 'Tightness'와 'Looseness'가 그것이다.[12]

'단단한', '꽉 조여 있는', '엄격한'이란 뜻을 가진 형용사에서 유래한 Tightness는 규범의 '엄격성'을 말한다. 반면에 '느슨한', '헐거워진', '풀린'이란 뜻을 가진 Looseness는 개인들이 행위할 수 있는 범위가 넓은 '방만성'을 표현한다. 전자는 행위를 구속하는 관습이나 예절, 도덕이 엄격한 집단 문화를 뜻하고, 후자는 사회적 일탈에 관대한 개인 문화를 의미한다. 예를 들어, 어떤 사람이 회사에 격식을 차리지 않은 옷차림으로 출근했다면 전자는 불쾌하게 반응할 테고, 후자는 그다지 신경 쓰지 않을 것이다.

Tightness와 Looseness를 구별하는 것은 규범의 강도와 일탈을 받아들이는 정도다. 집단 문화에는 지켜야 할 예절의 목록이 길고, 무겁고, 두껍다. 개인 문화에서는 보편적인 도덕 규칙을 제외하면 모든 것이 허용될 만큼 가볍다. 꼰대는 규범의 일탈을 절대 허용하지 않고 "왜 삐딱하게 앉아 있어?", "옷이 왜 그래?"처럼 사소한 일에도 잔소리를 퍼붓는다.

전 세계적으로 보면 한국과 일본은 세계에서 가장 문화가 엄격한 편이며, 이에 비해 서구권 국가들은 느슨한 문화를 보인다. 다음 페이지의 그래프를 보자.

한국은 전 세계 주요 국가의 경직성 정도 순위에서 33개 국가 중 밑에서 다섯 번째에 위치해 대체로 융통성 없

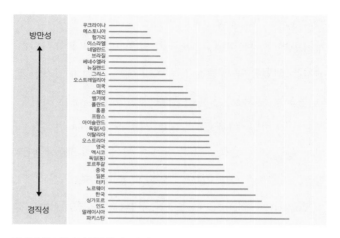

전 세계 주요 국가의 경직성 정도 순위(2011)

출처: Michele Gelfand, *Rule Makers, Rule Breakers: How Tight and Loose Cultures Wire Our World*(Scribner, 2018).

는 문화인 것으로 나타났다. 우리나라 사회에서는 자신의 취향보다는 타인의 시선을 훨씬 더 많이 신경 쓴다는 것을 의미한다.

오른쪽 네 장의 사진을 보자. 상단 좌측은 강력한 행정력으로 유명한 싱가포르에서 찍은 사진으로, 자전거 금지 지역에서 자전거를 탈 경우 벌금을 물어야 한다는 경고판이다. 반면 상단 우측은 독일 뮌헨의 잉글리시 가든이라는 큰 공원에서 나체주의 문화를 추구하는 FKK를 찍은 것이

싱가포르 자전거 금지 표시판

독일 나체주의자들의 모습

애플 창업자 스티브 잡스의
신제품 발표회

일본 도쿄의 출근길 풍경

당신은 어떤 세대에 속해 있습니까?

다. 우리나라에서는 꼴불견으로 취급받는 이런 모습도 문화에 따라서는 쉽게 받아들여진다.

하단 두 장의 사진도 비교해보자. 왼쪽은 애플의 창립자 스티브 잡스가 티셔츠와 청바지를 입고 신제품을 소개하는 장면이다. 오른쪽은 일본 도쿄의 출근 시간대 거리의 모습이다. 모두들 비슷한 정장 차림으로 다소 경직된 느낌이 든다.

개인주의와 집단주의는 사회의 규범 정도와 그에서 벗어났을 때 받아들이는 정도가 얼마나 높은가에 따라 구분된다. 그렇다면 대한민국은 어떤 사회일까? 아마도 앞에서 살펴본 세대론을 기준으로 산업화 세대와 X세대는 집단주의적인 성향이 상당히 강하지만 밀레니얼 세대와 Z세대는 개인주의가 훨씬 강할 것이다. 지금은 그 두 세대가 부딪히며 변화하는 시기에 걸쳐 있다.

서구사회는 집단주의에서 개인주의로 넘어가는 과도기가 오랜 기간에 걸쳐 있었기 때문에 집단주의적인 병폐가 어느 정도 해소되었다. 우리 사회는 여전히 집단주의와 개인주의가 혼재하면서 발생하는 모순에 시달리고 있다. 수직적인 위계 구조에 기반한 산업화 세대와 탈권위적인 수

평적 네트워크를 구축한 MZ세대 같은 시대를 살아가면서 충돌하고 갈등한다. 전통 세대는 명령과 복종에 익숙하고, 새로운 세대는 대화와 소통을 중시한다.

두 세대 사이에는 마치 건널 수 없는 강처럼 극복하기 어려운 갈등이 있는 것 같지만, 이 강의 흐름을 제대로 인식한다면 갈등은 오히려 쉽게 극복될 수도 있다. 그것은 바로 개인화와 개인주의라는 도도한 시대정신이다. 우리가 세대를 보지 말고 개인을 봐야 하는 이유가 여기에 있다. 개인을 존중하는 태도만이 세대 간의 갈등을 극복하고 새로운 문화를 만들어내기 때문이다.

우리는 자신의 이름을 잃었습니다.

마치 유령처럼 되었죠.

당신은 이름으로 불리고 있습니까?

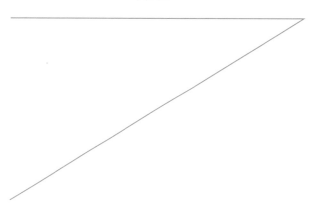

질문하지 않는
사람들

오랫동안 우리 사회를 지배하던 전통은 분명히 무너졌다. '공자가 죽어야 나라가 산다'는 말이 유행할 만큼 왜곡된 문화를 극복하고 새로운 미래로 나아가자는 주장이 나오던 때도 있었지만, 이제는 더 이상 그런 말조차 하지 않을 정도로 전통은 권위와 정당성을 잃어버렸다. 가끔씩 들리는 가부장제를 옹호하는 목소리는 고루한 생각으로 취급받는다.

그렇다면 이제 개인주의가 완전히 정착해 건강한 사회로 발전한 것일까? 자유를 가졌음에도 관계에 얽매여 삶이 무거운 사람은 아직 온전한 개인이 아니다. 자신의 의지가 아니라 늘 타인에게 맞춘 목표에 따라 살기 때문이다. 개인은 해방되었으나 자유는 아직 찾아오지 않았다. 이처럼 개인이 부재한 사회에는 위기가 찾아오기 마련이다.

지난 30년 동안 강단에서 학생들을 가르치면서 이런 모습을 자주 목격했다. 그러고 나서 얻은 결론은 '우리 사회에 질문이 없다'라는 것이다. 강의가 끝나고 학생들에게 질문이 있는지 물어도 거의 대부분은 손을 들지 않는다. 강의 중간에 질문하는 경우는 아예 찾아볼 수가 없다. 정말잘 몰라서이거나 질문해도 소용이 없기 때문이거나 그 외여러 이유가 있겠지만 학생들에게 '개인'이 없다는 점만은분명하다. 당연한 이야기지만, 질문하지도, 의견을 표현하지도 않으면 그 사람이 어떤 생각을 하고 어떤 가치를 추구하는지 알 수가 없다.

압축 성장이 만든 기형적 한국 사회에서는 시민사회가이중적인 형태로 나타났다. 대한민국은 겉으로는 오랜 시간 민주화 운동을 거치며 시민이 주인이 되는 사회를 이룩한 것 같지만 실제로는 시민이 없는 국민국가 형태다. 시민이란 행위에 책임을 지며 공공의 문제에 적극적으로 참여하는 구성원이다. 그러나 한국 사회의 구성원 대부분은 자신의 이익만을 추구할 뿐 공공의 가치나 이익에는 별 관심이 없다. 한편에서는 다양한 시민단체 활동을 거론하며 시민사회라고 주장하기도 하지만 그 속내를 뜯어보면 몇 명의 엘리트 운동가들을 제외하고 자발적으로 참여하는 시민은 극소수에 불과하다.

그렇다면 서구에서는 어떻게 시민사회가 발전했을까? 우리는 그들에 대한 두 가지 편견이 있다.[1] 첫째, '서구의 시민사회는 시민의 덕성을 토대로 발전했다'는 편견이다. 역사적으로 살펴보면 타고난 도덕성이 서구사회를 발전시킨 원동력은 아니었다. 그보다는 시민을 억압하는 국가권력과의 지속적인 투쟁이 더 큰 발전을 가져왔다. 왕이 있을 때는 왕족과 귀족과의 투쟁이, 신분사회로 계급이 나뉘어 있을 때는 귀족과 평민 사이의 투쟁이 시민사회로 향한 첫걸음이었다.

둘째, '서구의 시민은 공익과 공동선을 우선시한다'는 편견이다. 그들은 16세기에 부흥한 자본주의 논리에 따라 자기 이익과 가치에 충실한 개인이었다. 우선순위를 따져보면 먼저 이기적 개인이 탄생한 다음에 공동체 구성에 대한 논의가 제기되고 이후 오늘날의 서구시민으로 바뀐 것이지, 도덕적이고 참여적인 시민이 아무 계기 없이 먼저 생긴 것은 아니다.

이런 상황은 몇 가지 인용문에서도 확인된다. 17세기 영국의 정치사상가였던 존 로크John Locke는 자신의 책 『통치론 제2론』에서 "공통적인 것은 아무런 소용이 없다"[2]고 말한다. 이것은 자신의 생명과 재산을 지키고자 하는 개인의 노력이 중요할 뿐 공통적인 것은 아무런 소용이 없다는 뜻으로, 과거에 개인을 우선시하는 사람이 많았음을 의미한다.

애덤 스미스는 『국부론』에서 "개인은 자신의 이익을 추구함으로써 종종 사회의 이익을 실제로 추구하고자 할 때보다 훨씬 더 효과적으로 사회 이익을 증진시킨다"고 말했다. 먼저 이기적인 개인이 되고 난 다음에야 비로소 국가에 충성하고 공동체에 기여하는 시민이 될 수 있다는 것이다.

반면 한국에서는 정반대의 과정으로 시민이 탄생했다. 1945년에 일본으로부터 해방되었을 때 갑작스럽게 국가가 나타나면서 신민이 국민으로 위치가 바뀌었고, 국가는 국민의 생명과 재산을 보호하며 경제적 수준을 높일 책임이 있는 강력한 기관이 되었다. 이후 몇 번의 민주화 과정을 거쳐 국민은 국가의 문제에 관여하는 시민으로 탈바꿈했다. 즉, 한국에서는 이제 막 시민이 탄생했으므로 어느 정도 성숙하는 과정을 거쳐야 개인이 육성될 수 있는 것이다.

과도기 없이 빠르게 시민사회로 이행한 한국에서는 개인의 도덕적 헌신이 자주 요구되었다. 회사에서도 직원보다 회사의 이익을 우선하는 게 당연시되었다. 대의를 위해 소를 희생한다는 논리로 약자는 늘 착취당했다. 이런 한국 사회에서 과연 시민을 이야기할 수 있을까? 공익을 우선시하는 시민의 덕성만으로는 오늘날 현대사회의 문제점을 해결할 수 없다.

롱아일랜드대학교 정치학과 교수인 존 에렌버그[John Ehrenberg]는 이렇게 이야기한다.

19세기 초기 뉴잉글랜드 마을의 면대면 민주주의로부터 도출된 범주들은 전례 없는 수준의 경제적 불평등을 보여주는 고도로 상품화된 대중사회에서의 공공생활을 이해할 수 있는 신뢰할 만한 모델을 제공해주지 못한다.[3]

공동체를 너무 강조하는 사회에서는 인간의 존엄이 제대로 지켜지는지 먼저 의심해야 한다. 개인의 이익과 가치를 내세우는 태도를 도덕적인 잣대로만 평가한다면 진정한 개인주의는 발전하기 어렵다. 성숙한 시민사회가 도래할 때, 한국 사회에도 아름다운 개인주의가 정착할 수 있다.

자존감은 사라지고
자존심만 남은 갈등 사회

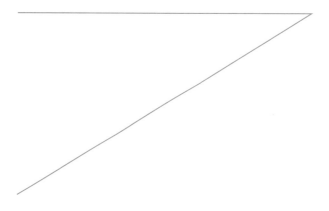

　그리고 지금, 우리는 또 하나의 장벽과 마주했다. 2020년, 코로나19가 전 세계를 강타하고, 사회적 거리두기가 강화되면서 전례 없이 높은 도덕적 시민의식이 요구되고 있다. 발전하고 있던 개인주의는 코로나19로 굴절을 일으켜 다시 예전과 같은 집단주의로 역행하려는 조짐까지 보인다. 코로나 팬데믹에 대한 가장 강력한 방역 조치인 '사회적 거리두기'는 사람들을 다시 원자화된 개인으로 만들었다. '코로나 블루'가 생길 정도로 많은 사람이 강요된 격리와 고립에 고통을 당하고, 관계로부터 단절된다는 소외감을 느낀다. 이러한 외부의 압박이 커지면 커질수록 사람들은 이 고난을 빨리 끝낼 수 있는 강력한 국가를 요청한다.

생명과 안전을 보장받아야 한다는 이유로 사람들은 다시 집단주의 성향을 나타낸다. 마스크를 쓰지 않거나 백신을 맞지 않는 사람을 이유와 상관 없이 비난하는 일에 아무런 죄책감을 갖지 않고, 도덕적 강박 역시 점점 강해지고 있다. 팬데믹이라는 유례없는 위기 상황에서 어쩔 수 없는 억압이지만, 개인이 퇴보하고 있다는 우려도 지울 수는 없다.

코로나19를 포함해 한국 사회 곳곳에서는 이미 갈등이 심화되고 있다. 3강에서 살펴본 것처럼 우리나라 국민들은 계층 갈등, 이념 갈등, 젠더 갈등, 세대 갈등 등 대부분의 갈등이 앞으로 더욱 심각해질 것으로 내다보았다. 이는 개인주의와 집단주의의 충돌과 착종 현상 때문에 벌어졌다. 따라서 문제의 원인을 정확하게 진단할 때, 우리는 사회의 모순적 현상을 극복하고 지금보다는 훨씬 더 수준 높은 사회로 발전할 것이다.

그렇다면 갈등의 원인은 어디에서 찾을 수 있을까? 젠더 갈등을 예로 들어보자. 프랑스의 소설가이자 페미니스트였던 시몬 드 보부아르Simone de Beauvoir는 "사람은 여자로 태어나는 것이 아니라 여자가 되는 것이다"[4]라고 말했다. 남성성이나 여성성은 선천적으로 타고나는 게 아니라 문화적으로 결정된다는 뜻이다. 우리 사회에서는 젠더 갈등을 집단 대 집단의 문제로 바라보지만, 만약 여성이나 남성 모두 생물학적 차이만 있을 뿐 개인으로서는 차이가 없다고 인식한다면 이러한 갈등을 극복할 수 있다. 개인의 존중이 젠더 갈등을 해결하는 길이다.

또 다른 첨예한 문제인 세대 갈등도 살펴보자. 세대론은 특정 시대의 가치관을 반영해 나이에 따라 계층을 나눈 것이지만, 실제로 세대를 기계적으로 자르는 절대적 기준은 존재하지 않는다. 나이가 많다고 해서 무조건 보수적이거나 젊다고 해서 반드시 진보적이지는 않다. 세대가 아니라 각각의 개인이 어떤 가치를 추구하는지 살펴보고 존중한다면 세대 갈등 역시 극복할 수 있다.

갈등은 집단주의가 변질되고 건강하지 못한 개인주의가 발전하면서 태어났다. 따라서 사회 구성원이 파편화되고 개인주의가 일반적인 현상으로 받아들여지고 있음에도 여전히 사람들의 사고방식은 집단주의의 덫에서 벗어나지 못한 것이 그 원인이 아닐까 조심스럽게 진단해본다.

그런데 이러한 착종 현상이 어디에서부터 생겼을까? 한국 사회는 짧은 시간 동안 압축적으로 성장하면서 필연적으로 초경쟁사회가 되었다. 상위권 대학교나 취업률이 높은 학과에 다니는 학생들이라도 우리나라의 가장 심각한 병폐가 무엇인지 물으면 '끔찍한 경쟁'이라고 답한다. 특히 밀레니얼 세대는 신자유주의 시대에 태어나 세계화와 초경쟁을 경험했으며 강자가 모든 것을 가져가는 '승자 독식'을 일상적으로 맞닥뜨렸다.

한국 사회만큼 교육에 모든 것을 투자하는 사회도 없다. 위기관리에 교육보다 적합한 수단이 없기 때문이다. 이런 사회에서는 헬리콥터 부모를 좋은 부모라고 받아들인다. 헬리콥터 부모란 자녀가 태어날 때부터 성인이 된 이후까지 교육과 진로에 깊게 관여하는 유형으로 자녀의 전공, 직업, 심지어 어느 회사에 들어가는지까지 지시하는 경우도 있다.

이런 지배가 극심해지면 다음과 같은 모습으로까지 나타나기도 한다. 학교 신입생 오리엔테이션에서 실제로 겪은 일이다. 행사가 진행되는 중에 학생들에게 한 시간 반가

량의 휴식 시간이 주어졌다. 그때 어떤 학생이 그동안 무얼 해야 할지 몰라 안절부절못하는 모습이 보였다. 그는 곧 엄마에게 전화를 걸었고, 엄마는 다시 교무처로 전화해 아이가 시간을 채울 방안을 물어왔다. 이것이 바로 헬리콥터 부모의 전형이다.

헬리콥터 부모는 일상화된 초경쟁 때문에 생겼다. 부모는 자녀의 성공을 돕기 위해 태어나 자라고 직업을 갖고 직장 생활을 할 때까지 모든 생활을 관리한다. 이런 상황에서 쉽게 부모의 말을 거역할 수 있을까? 자녀는 독립된 개체로 성장할 수 있을까? 아니다. 부모의 말을 거스르지 않으면서 자신의 길을 찾아가다 보면 필연적으로 분리 불안이 생기고, 성숙한 개인이 되지 못한 채 불완전한 상태로 자란다.

게다가 초경쟁의 끝에는 양극화 사회가 따라붙었다. 교육비는 눈덩이처럼 불어나는데, 막상 대학을 졸업해도 좋은 일자리를 얻기는 하늘의 별 따기고, 겨우 들어간 회사에서도 쥐꼬리만 한 월급밖에 받지 못한다면 어떨까? 나쁜 일자리는 더 나빠지고 좋은 일자리는 더 좋아지는 양극화 현상이 심해지면서 개인의 경쟁은 악화 일로를 걷게 된다. 이런 사회에서는 내가 살아남지 않으면 결과적으로 타인을 배려할 능력도 없다는 것을 배우게 된다. 변질된 개인주의가 극단적 생존 경쟁으로 치달으면 결과적으로 이기주의와 만날 수밖에 없다. 이렇게 해서 미래에 대한 불확실성은 더욱 높아진다.

한국 사회는 불안정성은 커진 반면 보상은 줄어드는 현상으로 사회적 존중은 사라지고 자존감마저 잃어버렸다. 자존감이 없는 사회의 개인은 심리적 생존을 스스로 쟁취하고 안정을 찾을 수밖에 없기 때문에 자존심만으로 자신을 지키려 한다. 자존심은 높고 자존감은 없는 사회, 그것이 바로 초경쟁사회가 초래한 문화적 모순이다.

자존감이나 자존심은 자기를 존중하는 마음이라는 점에서는 같다. 영어로는 똑같이 self-esteem으로 표현되는 두 용어는 자신의 가치에 대한 개인의 주관적인 평가다. "나는 가치가 있다", "나는 인정받지 못한다", "나는 사랑받고 있다" 같은 표현들은 승리, 절망, 교만, 수치심과 같은 감정 상태를 포함한다. 자아 개념은 우리가 자신에 대해 생각하는 것이며, 자존감은 우리가 자신에 대해 어떻게 느끼는지와 같이 자아에 대한 긍정적 또는 부정적 평가다.

자존감이 자기 자신에 대한 긍정적 평가라면, 자존심은 부정적 평가다. 자존감은 개인이 스스로 품위를 지키고 자기를 존중할 때 생기는 마음이라면, 자존심은 타인의 관점에서 자신을 바라볼 때 생긴 부정적 감정에도 남에게 굽히지 않으려는 마음이다.

　　초경쟁사회는 우리의 시선을 자신에게서 타인에게 돌리도록 강요한다. 타인과의 비교는 항상 자신을 불안하게 만든다. 우리는 이처럼 극단적으로 불안한 사회에서 살고 있다. 신경정신과적 증상, 병적 나르시시즘, 극단적 자기중심주의는 모두 이런 시대의 흐름에서 태어난 산물이다. 이런 사회에서 진정한 개인이 되는 일은 여전히 너무나 멀다.

사라진 이름을
회복하는 일

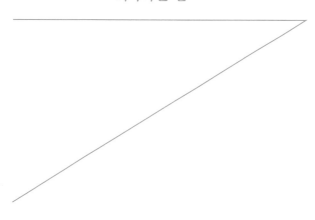

    이처럼 집단주의가 지배하는 분위기로 인한 폐해는 심각하다. 첫 번째 문제는 '장로정치gerontocracy'다. 우리나라처럼 나이로 계층을 구분하는 사회에서는 가정, 학교, 직장 등 어느 조직에서나 장로정치가 나타난다. 나이 든 사람은 지시를 내리고, 젊은 사람은 복종한다는 수직적 위계질서에 의한 지배가 수평적으로 바뀌지 않는 한 건강한 개인은 탄생할 수 없다.

    두 번째 문제는 '부족주의tribalism'다. 이는 가족주의의 정치적 현상으로 사회적 관계가 개인의 지위를 결정하는 것이다. 개인 관계를 가족 관계로 환원하려는 경향은 식당에서 사용하는 '이모님'이나 선후배 관계에서 사용하는 '언니', '오빠'라는 호칭에서도 잘 나타난다. 이렇게 관계를 너무 강조하다 보면 개인은 녹아서 사라지고 지위나 역할 같은 사회적 위치만 남는다.

이처럼 서로를 배려하지 않고, 경쟁을 부추기는 기형적인 한국 사회에서 개인주의가 발전할 여지가 있을까? 나는 이를 극복하기 위한 처방으로 두 가지 방법을 제시하고 싶다.

첫째, 나이를 묻지 말 것. 우리 사회에서 수직적인 위계질서를 확인하는 첫 번째 수단은 나이다. 내가 독일에서 공부할 때는 나보다 열 살 어린 학생이나 열 살 많은 교수와도 친구로 지냈는데, 한국에서는 이런 일이 불가능하다. 위계질서 속에서 자신의 위치를 확인하려는 집단주의적 문화가 확고하게 자리 잡혀 있기 때문이다.

둘째, 이름을 불러줄 것. 우리는 이름이 사라진 사회에 살고 있다. 회사에서는 이사님, 과장님, 차장님 같은 호칭으로 불리고, 식당에서도 사장님, 이모님 같은 표현을 사용한다. 아무도 고유한 자기의 이름으로 불리지 않는다. 그러나 서로 이름을 불러주지 않으면 전통사회의 병폐와 유산을 극복할 수 없다.

결혼생활에서도 마찬가지다. 동등한 관계를 유지해야 하는 부부 사이에 이름 이외의 호칭이 끼어들면 한쪽으로 무게추가 기울어지기 쉽다. 나는 결혼한 지 40년이 넘었는데, 이 문제를 해결하기 위해 신혼 때부터 다른 호칭 대신 서로의 이름을 불렀다. 당시에는 주변 사람들에게 이상하다는 소리를 많이 들었지만, 이제는 다들 아무렇지 않게 받아들인다. 이런 문화가 모두에게 확산된다면 우리 사회에도 개인을 존중하는 문화가 형성될 것이다.

이름을 지키는 일은 누구에게든 쉽지 않다. 혹시 2018년 아이돌 그룹 BTS의 리더인 RM이 유엔 총회에서 한 연설을 들어본 적이 있는가? 다음은 연설 중 일부다.

저희 초기 앨범 중 하나의 인트로에 이런 가사가 있습니다. '내 심장은 9살 또는 10살 때 멈췄어.' 돌이켜보니 그때부터 다른 사람이 저에 대해 뭐라고 생각하는지 걱정했고, 다른 사람의 눈으로 저를 바라보기 시작했습니다. 저는 밤하늘, 별을 올려다보는 것을 그만두었고, 공상에 잠기는 것을 멈췄습니다. 대신에 저는 다른 사람이 만든 틀에 저를 욱여넣으려고 했습니다. 곧 저는 제 목소리를 무시했고 다른 사람의 목소리를 듣기 시작했습니다. 아무도 제 이름을 부르지 않았고, 저도 똑같았습니다. 제 심장은 멈췄고 제 눈은 감겼습니다. 이렇게 저는, 우리는 자신의 이름을 잃었습니다. 저희는 마치 유령처럼 되었죠.

당신은 자신의 목소리를 듣고 있는가, 아니면 다른 사람의 목소리에 귀를 기울이고 있는가? 다른 사람의 시선으로 자기 자신을 바라보려고 노력할수록 진정한 개인이 될 수 없다. 그럼에도 우리 사회에는 이미 '조용한 혁명silent revolution'이 서서히 일어나고 있다. 조용한 혁명이란 미국의 경제학자 로널드 잉글하트Ronald Inglehart가 1960년대 서구에서 일어난 점진적이지만 근본적인 두 가지 변화를 서술하기 위해 사용한 용어다.[5]

하나는 물질적 가치를 과도하게 강조한 사회에서 비물질적 삶의 가치를 중시하는 사회로의 이전이고, 다른 변화는 자신의 삶과 관련된 정치적 의사 결정에 참여하는 공중의 의식이 향상되었다는 점이다. 모든 사람이 물질적인 가치만을 추구하는 자본주의 시대에도 자아를 찾기 위해 행복의 출처를 탐색하는 탈물질적인 가치로의 혁명이 일어나는 것이다.

물질적 생존에만 매달리는 사람은 자기를 표현할 힘을 잃어버린다. 개인의 자존감이 올라가는 성숙한 사회로 발전하려면 경제적 안정이 필요하다. 사회가 경제적으로 성장하고 발전하면, 개인이 성숙할 수 있는 문화적 변화가 일어난다. 잉글하트는 네 가지 지표를 측정해 문화발전의 특성을 분석했다. 전통적 가치 대 세속합리적 가치, 다른 축은 생존적 가치 대 자기표현적 가치로 보았을 때 민주주의를 발전시킨 나라들은 전통적 가치에서 세속합리적 가치로, 그리고 생존적 가치에서 자기표현적 가치로의 변동 과정을 보여준다는 것이다.[6]

잉글하트의 방법론을 활용한 연구에 따르면 우리 사회는 '강한 합리성과 강한 생존적 가치의 조합'이라는 특징이 있다.[7] 반면 자기표현적 가치는 현저히 낮았다. 우리는 여전히 집단주의 문화에 젖어서 자기를 표현하는 데 익숙하지 않았다. 자신의 목소리로 스스로를 표현하지 못하고 타인의 목소리를 듣고 자기를 평가하는 경향이 더 강하다는 의미다.

한국처럼 변질된 집단주의에서는 관계 때문에 고통당

하면서도 집착하는 경향이 동시에 나타난다. 집안에서는 자기 자신의 자리, 가치를 찾기 위해 노력하지만, 억압하고 강요하는 부모와의 관계 때문에 고통받는다. 이로써 개인주의가 들어설 자리는 점점 좁아져서 개인의 이익만을 바란 채 공동체에는 기여하지 않는 아주 이상한 개인이 만들어지는 것이다.

이것이 우리의 자화상이다. 이러한 병리적 현상을 극복할 뚜렷한 해결 방법은 없다. 다만 예로부터 내려오는 속담에서 약간의 실마리를 찾아볼 수 있다. 하나는 '벼는 익을수록 머리를 숙인다'는 말이다. 이 말은 사람이 성장할수록 겸손해야 한다는 뜻이지만, 동시에 개인의 자기표현을 위축하게 하는 부작용을 낳았다. 겸손하라는 말이 사회적 관계에 자신을 맞추라는 강요일 수도 있기 때문이다.

다른 하나는 '모난 돌이 먼저 정 맞는다'는 속담이다. 정상성에서 벗어나 조금이라도 특출나고 다르면 한국 사회에서는 그 태도를 받아들이지 않는다. 둥글둥글하고 모나지 않은 조약돌 같은 사람만이 집단에 수용된다. 개성을 추구하다가는 당장 타인의 시선에 걸려 배제되고 매도되며 경멸당한다. 이런 사회에서 과연 개인의 독창성, 창의성이 나올 수 있을까? 이제는 '먼저 정 맞더라도 모난 돌이 되자'라는 표현이 새로 탄생할 때다.

앞서 살펴본 RM의 연설을 조금 더 읽어보자.

저는 여러분 모두에게 묻고 싶습니다. 여러분의 이름은 무엇입니까? 무엇이 여러분의 심장을 뛰게 합니까? 여러분의 이야기를 들려주세요. 여러분의 목소리를 듣고 싶습니다. 그리고 여러분의 신념을 듣고 싶습니다.

이 질문에 우리가 응답할 때, 즉 나이를 묻지 않고 이름을 불러주며 나의 이름을 표현할 때 우리는 진정한 개인이 될 수 있다.

한때 정치권에서 시작된 '우리가 남이가'라는 말이 유행한 적이 있다. 딱 잘라 말하자면 '우리는 남이다'. 이 사실을 인정하고 서로를 존중해야 건강한 관계가 만들어질 수 있다. 왜곡된 집단주의가 지배하는 한국 사회에서 건강한 개인주의를 발전시킬 수 있는 질문은 이것뿐이다. 당신의 이름은 무엇인가? 이제 당신에 관한 이야기를 들려주길 바란다.

평범함을 쫓는 삶에도

그에 따른 선택과 책임은 여전히 존재한다.

7강

당신은 쓸모있는 사람입니까?

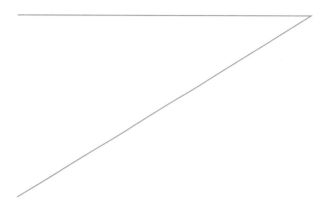

잉여인간에게 남은
마지막 가능성

어린 시절, 숱하게 듣는 질문이 있다. "너는 꿈이 뭐니? 커서 뭐가 되고 싶니?" 장래희망을 묻는 것 같기도, 삶의 목적을 묻는 것 같기도 한 이 질문에 어릴 때는 막힘없이 답을 하던 사람이라도 나이가 들어 20대, 30대가 되면 뭐라고 말해야 할지 어려워한다.

나 자신을 찾는 여정을 떠나기 위해서는 내가 무엇을 원하는지 정확하게 알아야 한다. 하지만 답을 찾지 못했다고 해서 너무 실망하지는 말자. 인생의 나침반을 잃어버리고 방황하는 것은 지금의 우리뿐만은 아니다. 수백 년 전부터 철학자들 역시 자신에게 같은 질문을 던졌다. 니체의 말을 들어보자.

> 우리는 자기 자신을 잘 알지 못한다. 우리 인식자들조차 우리 자신을 잘 알지 못한다. 여기에는 그럴 만한 충분한 이유가 있다. 우리는 한 번도 자신을 탐구해본 적이 없다. 우리가 어느 날 우리 자신을 찾는 일이 어떻게 일어날 수 있다는 말인가?[1]

현대사회에는 무엇이든 선택지가 다양하다. 우리는 그 중 무엇을 선택할지 매 순간 결정해야 하는데, 그것이 우리의 존재를 만드는 밑바탕이 되기 때문이다. 그리고 그 선택은 얽매이지 않고 자유로워야 한다.

인간은 궁극적으로 자유를 원한다. 신자유주의 시대 이후 자유에 대한 의미가 조금은 퇴색했지만, 그럼에도 자유로운 삶에 대한 인간의 갈망은 계속되었다. 앞서 살펴본 우리 사회의 수많은 부작용과 병폐를 극복하기 위한 대안 역시 아이러니하게도 자유로운 개인주의가 점점 더 확산되는 것이다.

자유라는 단어를 떠올리면 어떤 상황이 생각나는가? 다른 사람의 눈치는 조금도 보지 않고 내키는 대로 사는 것을 생각하는가? 안타깝게도 삶에서 우리 마음대로 할 수 있는 일은 많지 않다.

루소의 말처럼 자유란 "하고 싶지 않은 것을 하지 않을 자유"일지도 모른다. 자유는 선택의 가능성을 넓히지만, 그렇다고 해서 무엇이든 마음대로 할 수 있다는 허락은 아니다. 같은 맥락에서 장래희망이나 꿈도 허구에 불과하다. 오늘날의 사회는 원하고 노력하기만 하면 제약 없이 교육받고 어떤 직업이든 가질 수 있다는 환상을 심어준다.

디즈니랜드는 냉혹한 현실을 벗어나 환상과 공상의 유희가 벌어지는 허구의 공간이다. 그런데 디즈니랜드 바깥의 세계에서도 원하기만 하면 자신의 삶을 개척할 수 있다는 환상을 우리에게 주입시킨다.

장 보드리야르는 디즈니랜드를 "그 밖의 다른 세상을 사실이라고 믿게 만들기 위하여 상상의 세계로 제시된다"고 예리하게 지적했다.[2]

맞닥뜨린 현실이 허구로 적나라하게 폭로되는 순간 우리는 원하기만 해서 이루어지는 일은 아무것도 없다는 것을 알게 된다. 가능성이 많아 보이지만 실제로는 그렇지 않다는 엄혹한 진실을 깨달은 사람은 잉여 존재로 전락한다.

잉여인간이란 더 이상 할 수 있는 게 없는 사람들, 쓸모없이 남아도는 사람이라는 뜻이다. 그들은 자의 또는 타의로 다른 사람과 관계 맺기를 거부하고, 부조화 상태에 놓여 소외를 경험한다.

어떤 공동체에도 속해 있지 않으며, 불투명한 정체성을 갖고 흘러가듯이 부유하며 살아간다. 이들은 삶과 죽음, 현실과 비현실, 또는 허상과 실상의 경계에서 애매한 위치로 남은 존재다.

2020년 한 해를 휩쓴 봉준호 감독의 『기생충』이라는 영화를 모두 알고 있을 것이다. 이 영화에는 부잣집 지하실에 기생하며 자아를 상실한 한 남자가 등장한다. 그에게 남은 감정이라고는 자신을 먹여주고 재워주는 주인집 사장에 대한 충성밖에 없다. 이 영화는 21세기 잉여인간의 자화상을 기생충이라는 존재로 잘 나타내준다.

우리 사회에서 언제부터 이 '잉여'라는 말이 범람했을까? 문화평론가 최태섭이 2013년에 출간한 『잉여사회』에서 이 문제를 적극적으로 다루기 훨씬 전부터 이 말은 망령처럼 떠돌았다. 21세기의 첫 10년 동안 대학가, 그것도 소위 명문대라 불리는 곳의 학생들이 거리낌 없이 이 낱말을 입에 올리는 것을 보고 놀랐던 일이 생생하다. 최태섭이 "가능성이라는 희망과 저주"[3]라는 관점에서 우리 사회를 분석하고 있는 것처럼, 희망의 가능성이 저주로 탈바꿈한 사회가 바로 잉여 사회다.

이 책은 또 다른 희망을 암시하는 짧은 말로 끝난다. "우리들은 잉여다. 그리고 우리들은 가능성이다."[4] 이 말에는 모순이 있다. 가능성이 있다면 잉여 존재가 아니기 때문이다. 잉여인간은 곁에 있으나 보이지 않고 들리지 않는 '유령'으로 존재하거나, 말하고 생각하는 기능을 박탈당해 몸으로만 존재하는 '좀비'처럼 살아간다.

인간의 본질적 가능성이 박탈된 잉여인간의 가능성이라니 아이러니하다. 따라서 이것은 잉여롭지 않은 삶을 살고 싶은 사람들의 목소리일지도 모른다. 그것은 영화 『기생충』의 마지막 장면처럼 "나 아직 여기 살아 있어"라고 모스 부호로 알리는 잉여인간의 절규로 들린다.

영어에도 잉여인간을 나타내는 'Superfluousness'라는 단어가 있다. 그대로 번역하면 잉여 존재라는 뜻으로, 너무 많아서 남아도는 쓸모없는 존재를 일컫는다. 그들은 이 시대가 안고 가야 하는 상당히 위험한 폭발물이다. 누구든 스스로를 쓸모없다고 인식하는 순간, 약간의 계기만 있으면 언제든 폭력적인 폭민mob으로 바뀌기도 하기 때문이다.

한나 아렌트는 이 점을 가장 예리하게 파악했다. 잉여 존재가 범람하는 사회에서는 정치적 공동체도 독재와 전체주의로 흐를 수밖에 없다는 것이다.

인간을 무용지물로 만들려는 전체주의의 시도는 과잉 인구로 시달리는 지구에서 자신들이 별 쓸모없다는 것을 알게 된 현대 대중의 경험을 반영한다. 죽어가는 자들의 세계에서 인간은 처벌이 죄와 아무런 관계가 없어지고 아무에게도 이윤을 가져다주지 않는 착취가 자행되는 생활방식을 통해 자신들이 쓸모없다는 것을 배운다. 5

우리 사회는 모든 개인이 어떤 형태로든 쓸모 있다는 것을 경험하게 하는 사회일까, 아니면 쓸모없는 존재일지도 모른다는 불안감을 떠안게 하는 사회일까? 우리가 진정으로 무엇을 원하는지 질문을 던지려면 잉여인간을 어떻게 받아들여야 할지도 생각해봐야 할 것이다.

무엇이 우리를
쓸모없게 만드는가

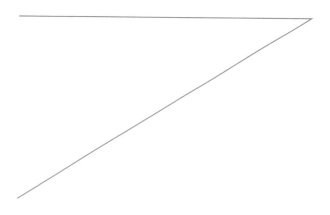

　자본주의는 필연적으로 '대중사회'와 연결된다. 대중은 사람들이 단순히 많이 모여 있는 것을 의미하지 않는다. 자본주의 시장과 합리적 제도들이 사회적 유대를 약화하면서 나타난 원자화된 개인의 덩어리가 대중이다. 대중은 사람들을 어떤 계급이나 신분에 묶어두었던 보이거나 보이지 않는 끈들이 모두 끊겨졌을 때 비로소 출현한다. 이와 함께 사람들은 생존을 위해 자신의 노동력을 파는 개인이 된다.

　그렇다면 대중사회에서 남들과 같은 방식으로 선택과

소비를 반복하면서 어떻게 자신만의 세계관과 가치를 추구하는 개인이 될 수 있을까? 대중사회에 편입되어 유행을 따르는 개인은 잉여인간과 마찬가지로 언제든 폭력적인 무리로 바뀔 수 있다. 특정한 계층이나 공동체에 속하지 못하고 고립된 개인은 잉여인간과 비슷한 특징을 띠는 잠재적 폭민이다. 개인을 쓸모없게 하는 고립은 점점 더 우리를 억누르고 불안하게 한다.

잉여 담론이 과도하게 번지는 것은 긍정적인 조짐이 아니다. 한국 사회에는 이미 미래에 대한 불안감과 현재에 대한 불만이 극도로 높다. 특히 젊은이들 사이에는 기대할 만한 미래가 없다는 생각이 더욱더 팽배해졌고, 항상 불만족스러운 상태로 현재를 살아간다.

베이비부머 세대는 경제개발, 고속 성장의 한복판에서 더 나은 미래를 위해 현재를 희생하고 자신을 헌신했으나 젊은 세대는 질 낮은 일자리와 터무니없이 치솟은 부동산 가격, 문화의 복잡성과 다원성에 내몰렸다. 게다가 삶에 대한 불만을 개인의 문제로 취급하며 아무것도 책임지지 않는 공동체에 배신감을 느낀다. 이와 함께 심리적 안정감 역시 소멸했다. 이런 상황에서 진정한 개인이 된다는 것은 허황된 말처럼 들린다.

오스트리아의 칼럼니스트 올리버 예게스Oliver Jeges는 『결정장애 세대』라는 책에서 이렇게 말했다.

우리는 무섭다. 하지만 우리는 그 두려움을 애써 외면한다. 사실 우리는 두렵다. 손을 써볼 수조차 없을 만큼 큰 위기가 닥칠까 봐 무서운 것이다. 우리가 결국 아무것도 아닌 존재가 되어버릴까 봐 겁난다. 우리 존재를 둘러싼 두려움이다.[6]

현대인이 안고 있는 가장 커다란 공포는 존재에 관한 두려움이다. 내가 아무런 의미도 없는 존재, 즉 무無가 될까 매일매일 걱정하며 살아간다. 언제든 다른 것으로 대체될 수 있다는 불안감도 밀려온다. 10~20년 후, 사람이 하는 일의 대부분을 로봇이 대체한다는 것은 그다지 장밋빛 전망이 아닐지 모른다. 이로 인해 또다시 수많은 사람이 사회 바깥의 낭떠러지로 밀려날 수도 있다. 젊은이들이 말하는 불만은 어쩌면 무의 존재가 되는 두려움을 피하고 싶은 최후의 몸부림일지도 모른다.

우리는 하나하나의 개인이 모여 만들어진 집단이다. 그렇다면 이 사회가 겪는 집단의 문제는 '나'에서부터 실마리를 찾아야 해결할 수 있다. 우리는 어떤 존재가 되고 싶어 하는 것일까? 정말 원하는 것은 무엇일까? 우리가 원하는 정체성이 잉여 존재가 아니라는 것만은 분명해 보인다.

그냥 아무나 돼
– 노멀크러시의 함정

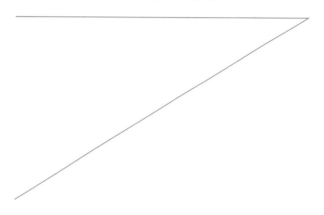

가능성이 허구로 남은 시대에서도 무언가 선택하지 않으면 아무런 결론에 이르지 못한다. 결국 우리 앞에는 어떤 길로 갈지 결정해야 하는 마지막 관문이 남았다. 적어도 잉여 존재로 남지 않겠다고 결심한 사람에게는 그 외의 다른 가능성이 열려 있다. 이것이 모든 자아 형성의 전제조건이자 출발점이다. 다시 예게스의 책을 살펴보자.

우리는 아무런 특징이 없는 세대다. 무능하다는 말이 아니라, 그저 이상과 가치가 없다는 뜻이다. 우리에게는 '우

리'라는 정신이 없다. 우리는 자기중심적이다. 이 시대가
그런 시대다. 옛날 세대들이 '삶의 의미는 무엇인가?'에 대
해 고민했다면, 지금 우리는 '나는 누구인가?'를 고민하
고, 알고 있다면 '얼마나 알고 있는가?'를 고민한다. 그러
고는 확답을 하는 대신 '알 것 같기도 하고 모를 것 같기
도 하다'는 애매한 대답을 남긴다.7

자신의 선택을 완벽하게 확신하는 사람은 별로 없다. 대
부분은 내가 가는 이 길이 과연 옳은지 아닌지 끊임없이
의심한다. 특히 높아지는 불확실성으로 이제 막 성인이 된
젊은 세대는 무언가를 결정하는 것은 더욱 어려워진다. 예
게스는 이들을 가리켜 '결정장애 세대Generation Maybe'라고
이야기했다.

우리에게는 무엇이든 선택할 수 있는 결정권이 있지만
실제로 옳은 선택을 하기는 쉽지 않다. 내 앞에는 너무 많
은 선택지가 있고, 그중에는 목적지가 아니라 막다른 길로
이끄는 유혹도 있기 때문이다. TV를 보면 조금만 노력해
도 누구나 유명 가수가 되고, 멋있는 댄서가 될 수 있을 것
같은 착각이 든다. 그러나 미디어에서 보이는 이미지는 가

짜인지 진짜인지조차 구분하기 어렵다. 그러다 보면 특별한 무엇이 되기보다 쉬운 길을 택하기도 한다.

'노멀크러시normal crush'라는 말을 들어본 적이 있는가? 직역하면 '평범한 것에 반발한다'는 의미지만, 숨은 뜻은 '사회가 정한 기준을 따르기보다 소소하고 평범한 일상을 즐기는 것'이다. 특별함과 평범함의 가치가 뒤바뀐 오늘날의 사회를 은유적으로 표현한 말이다.

2017년 8월 JTBC 〈한끼줍쇼〉라는 프로그램에 이효리가 출연했다. 길을 가다 어떤 어린이와 마주치자 MC인 강호동은 어린이에게 "훌륭한 사람 돼라"라고 말했다. 그러자 이효리는 "그냥 아무나 돼. 뭘 훌륭한 사람이 돼?"라고 맞받아친다. 이것이 바로 노멀크러시다.

평범한 삶에 열광하고 이것이 진정한 행복이라는 흐름은 상당히 위험한 선택일 수 있다. 표면적인 의미로만 받아들이면 오히려 건강하지 않은 자아가 형성된다. 최근에 출간되는 에세이들을 보면 『무엇이 되지 않더라도』, 『나는 나로 살기로 했다』, 『하고 싶은 거 하고 살아요, 우리』처럼 소소한 행복을 추구하는 제목이 많다. 그런데 나는 이 말이 제목 그대로 읽히지 않는다.

누구에게도 존재감 없이 아무것도 아닌 아무나로 살아도 정말 괜찮을까? '아무나 되는 것'을 삶의 목표로 삼았다고 해서 아무 생각 없이 흘러가는 대로 나를 내맡기는 사람은 없다. 이러한 에세이들 역시 책임 없는 자유를 말하지는 않을 것이다. 그보다는 '훌륭한 사람이 되어야 한다'고 강요하는 사회에 나를 끼워 맞추고 스스로를 돌보지 않은 채 무리하던 자신을 돌아보라는 뜻이 아닐까 싶다. 평범함을 좇는 삶에도 그에 따른 선택과 책임은 여전히 존재한다.

우리는 어려서부터 "너는 뭐든지 할 수 있고, 될 수 있어"라는 가능성의 주문을 들으며 자라왔다. 이것은 이제 단순한 명제를 뛰어넘어 이데올로기가 되었다. 문제는 이 안에 함축된 함정이다. 개인의 선택에는 그에 따른 결과도 스스로 책임져야 한다는 아주 무서운 개인주의의 원칙이 포함되어 있다. 모든 것이 가능하지만 경험적으로는 아무것도 가능하지 않은 시대에 과연 개인은 어떤 선택을 해야할까? 이것이 우리가 해결할 과제이자 개인주의의 무게다.

선택할 것인가,
멈춰 설 것인가?

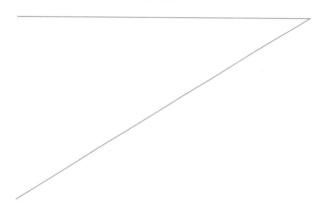

잉여인간, 결정장애, 노멀크러시 같은 말이 난무하는 사회 분위기가 계속되면서 이제 사람들은 스스로 무언가 결정하는 일을 두려워하게 되었다. 미래를 위해 무언가 준비하기보다 즉각적인 만족과 쾌락만을 추구하고 책임과 의무는 최대한 피하려는 경향이 높아졌다. 이런 태도를 '지연행동procrastination'이라고 한다. 오늘 할 일을 내일로 미루는 것이다.

지연행동은 크게 네 가지로 나눠진다. 시간과 일정을 늦추는 결정지연, 자존감을 지키기 위해 과제를 회피하는 행동지연, 마지막 순간의 쾌락을 위한 자극동기지연, 실패의 공포를 경험하지 않으려는 회피지연 등이다. 이 모든 것을 하나로 압축하면 스트레스가 많은 과제를 미룸으로써 부정적 감정을 회피하는 현상이다.

현대인이 겪는 만병의 근원은 스트레스다. 누구나 심리적 압박을 받는 일은 최대한 피하고 싶어 한다. 외부의 자극을 받아들이지 않거나 제대로 소화하지 못하면 내면이 성장을 멈추고 진정한 자아를 찾는 길 역시 점점 멀어진다. 모든 스트레스가 나쁜 것이 아님에도 현대인들은 당장 눈앞의 스트레스를 피하면서 오늘의 할 일을 내일로 미룬다. 귀차니즘이 등장하고, 그로 인해 죄책감에 빠지고, 자신의 능력에 대한 회의를 느끼다가 무력감에 빠지는 일이 반복되며 악순환에 빠진다. 지연 감정, 지연 행동이 현대인들의 내면을 부식시키는 것이다.

지연 행동은 영어로 'procrastination'이라고 하는데, 라틴어로 '앞으로'라는 뜻의 pro(forward)와 '내일'이라는 뜻의 crastinus(of tomorrow)가 합쳐진 말이다. 즉, 미래가 없다는 뜻으로 앞서 살펴본 젊은이들의 특징과 일맥상통한다. 지연 행동은 궁극적으로는 자신을 의심하고 무력감에 빠지게 하는 함정이다. 스스로를 믿어야 평범함을 선택하면서도 올바른 자아를 찾는 진짜 노멀크러시를 실천할 수 있다.

미국의 유명 가수인 레이디 가가는 "You have to be unique, and different"라는 말로 팬들의 마음에 감동을 주었다. 너의 방식대로 빛나는 존재가 되길 바란다는 말이다. BTS부터 레이디 가가에 이르기까지 현대 대중문화 예술가들이 우리에게 던지는 화두는 '어떻게 나만의 길을 걸어갈 것인가'라는 질문이다. 앞서 연설문으로 만나본 BTS의 〈134340〉이라는 곡의 가사를 음미해보자.

나에겐 이름이 없구나 나도 너의 별이었는데
넌 빛이라서 좋겠다 난 그런 널 받을 뿐인데
무너진 왕성에 남은 명이 뭔 의미가 있어 (…)
난 맴돌고만 있어 (난 널 놓쳤어 난 널 잃었어)
난 헛돌고만 있어 (넌 날 지웠어 넌 날 잊었어)

2006년 8월 국제천문연맹은 이제까지 태양계의 마지막별이라고 알고 있었던 명왕성을 왜소행성으로 분류했다. 별을 두 종류로 나누면 스스로 빛나는 별인 항성과 다른 별의 빛을 받아 반짝이는 행성이 있다. 지구나 화성도 태양의 빛을 받는 행성이다. 명왕성은 처음 발견했을 때 태양의 행성으로 분류되었으나 이제는 이름을 잃고 134340이라는 숫자가 붙은 왜소행성이 되었다. BTS는 이런 상황을 가사로 표현했다. "난 맴돌고만 있어. 넌 날 지웠어. 넌 날 잊었어. 난 헛돌고만 있어. 넌 날 지웠어. 넌 날 잊었어."

이름이 없는 사람은 없다. 하지만 당신의 삶과 이름이 혹시 명왕성처럼 유리되어 헛돌고 있지는 않은가? 이 노래는 우리 삶의 중심이 되는 가치가 무엇인지 묻는다. 니체 역시 130년 전에 이와 비슷한 말을 한 적이 있다.

지구를 태양으로부터 풀어놓았을 때 우리는 무슨 짓을 한 것일까? 이제 지구는 어디를 향해 가고 있는 것일까? 우리는 어디를 향해 가고 있는 것일까? 모든 태양으로부터 떨어져 나온 지금? 우리는 끊임없이 추락하고 있는 것이 아닐까?8

니체가 광인의 입을 빌려 "신은 죽었다"라고 외치면서

한 말이다. 우리는 모든 것에 빛을 내뿜던 태양이 사라진 허무주의 시대에 살고 있다. 개인은 이제 자신의 태양을 스스로 창조해야 한다. 당신에게는 당신만의 태양이 있는가?

선택은 우리의 가능성이기도, 짊어져야 할 짐이기도 하다. 내일이면 모든 게 달라지는 시대에 미래를 예측하고 현명한 선택을 한다는 것은 결코 쉽지 않다. 5년, 10년, 20년 뒤는 물론 한 달 후의 삶을 내다보기도 어렵다. 그러다 보면 혹시 내가 원치 않는 것을 선택하는 오류를 저지르지는 않을까 걱정도 하게 된다.

하지만 더 큰 문제는 아무것도 선택하지 않는 것이다. 노멀크러시의 명제처럼 아무것이라도 선택해 나를 돌아보며 계속해서 걸어나가야 한다. 이제 여러분은 어떤 선택을 할 것인가?

가벼워지기를 바라고 새가 되기를 바라는 자는

자기 자신을 사랑해야 한다.

8강

다시, 당신은 나를 사랑하고 있습니까?

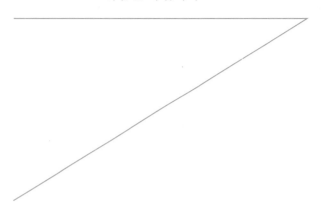

삶은 항상
위험한 사업이다

이번 강도 니체의 말로 시작해보자. 그는 『반시대적 고찰』에서 "너 자신이 되어라. 네가 지금 행하고, 생각하고, 원하는 모든 것은 너 자신이 아니다"[1]라고 말했다.

지금까지 우리는 일곱 장에 걸쳐 진정한 개인이 된다는 것에 대해 살펴봤다. 이제 개인주의자를 위한 철학의 마지막 질문에 이르렀다. '나는 누구인가.' 이것은 자아정체성에 관한 질문이자 자신을 찾으라고 강요하는 이 시대의 절대적 가치이기도 하다.

빠르게 변하는 사회에서 실존적 불안을 겪는 사람들은

자기 자신조차 의심할 수밖에 없다. 자신을 찾기 위해서는 고통스럽지만 반복해서 자아를 의심해야 한다. 그것이 현대인들에게 던져진 과제이자 운명이다. 니체가 말한 것처럼 "삶 자체는 위험이다".2

그렇게 자신을 찾기 위해 내면으로 숨어 들어가도 위험은 도사리고 있다. 이 사회는 무수한 인간관계로 얽혀 있기 때문에 다른 사람의 시선과 의견을 무시할 수 없으므로 내향적인 사람들도 외향적으로 살면서 자신을 보여주어야 한다. 결국 내면으로 숨어들어도 자신이 분열되는 위험과 맞닥뜨리게 된다.

게다가 현대인은 진리에 절망한다. 절대적 가치가 없다는 것은 자신만의 진리를 스스로 찾을 수 있다는 것을 의미하지만, 우리가 찾은 진리가 진정한 것인지 아니면 단지 그렇게 보일 뿐인지 알 방법은 없다. 진리에 대한 절망은 삶에 대한 개인의 해석을 불안정하게 만든다.

결국 이쯤에서 한 가지 진실을 인정할 수밖에 없다. '삶은 항상 위험한 사업'이라는 것이다. 인생은 결코 평탄하지도, 원하는 대로 되지도 않는다. 인생이라는 여정에는 항상 예기치 못한 위험이 도처에 숨어 있다.

니체가 『차라투스트라는 이렇게 말했다』에서 말한 것처럼 인간의 삶은 심연 위에 걸쳐진 밧줄을 걸어가는 일 같을지도 모른다. 서 있지도, 건너가지도, 되돌아가지도 못한 채 아슬아슬한 상태가 계속된다. 나의 신념조차 확실하지 않다는 의심도 자연스럽게 따라온다. 자신에 대한 기초적 신뢰가 없으면 자아는 금방 무너진다.

하지만 아이러니하게도 개인주의의 전제조건은 자기 자신에 대한 신뢰다. 개인은 어떻게 불안정한 상황에서 존재론적인 안정감을 얻을 수 있을까? 심리학에서 실시한 유명한 언어심리학 실험에서 실마리를 찾아보자.

S: 안녕 레이. 여자 친구는 잘 지내?

E: 잘 지내냐는 게 뭘 말하는 거야? 육체적인 거야, 아니면 정신적인 거야?

S: 아니, 그냥 잘 지내냐고. 너 무슨 문제 있어?
   (그는 화가 나서 쳐다본다.)

E: 아니, 아무 일 없어. 단지 네가 뭘 말하는지 분명하게 설명해봐.

S: 아, 그래 됐어. 의과대학 지원서는 어떻게 쓰고 있니?

E: 지원서가 어떻냐는 게 도대체 무슨 말이야?

S: 너는 내가 무슨 말을 하는지 알잖아?

E: 난 정말 모르겠어.

S: 너 무슨 문제 있어? 어디 아프니?3

방금과 같은 대화를 '기대 위반 실험'이라고 한다. 보통 친구를 만나면 "Hi, how are you?", "Fine. Thank you. What about you?" 같은 식의 대화를 나누게 되는데 갑자기 상대방이 말 한마디 한마디의 의미를 꼬치꼬치 캐물으면 대화는 제대로 이어지지 않는다.

대화할 때는 보통 비슷한 말투와 언어 습관으로 자신을 표현하기 마련이다. 이때 우리는 내가 예상하는 반응을 상대방이 보여줄 것이라고 기대한다. 이런 루틴이 사라지면 기본적인 신뢰는 깨지게 된다. 우리 삶은 이처럼 경험에 기초한 연약한 기반 위에 있다. 따라서 자기 자신과 타인에 대한 신뢰의 기반을 견고하게 하기 위해서는 특별한 삶의 기술이 필요하다.

개인화와 개인주의는 모든 관습과 의례를 무시하고 부정하는 경향이 있다. 허례허식이 아니라 내용이 중요하다는 사고가 지배적이며 다른 사람의 생각보다 내가 느끼는 바를 더 중요시한다. 그런데 사실 관행과 관습은 우리에게 존재론적 안전을 제공한다. 아침에 일어나 항상 샤워하던 사람은 이 습관이 깨졌을 때 하루 전체가 어그러진 기분을 느낀다.

관행은 또한 개인들 상호 간의 기본 신뢰를 구축한다. 만나면 서로 반갑게 인사하던 사람들이 갑자기 고개를 돌리는 경우를 상상해보라. 따라서 신뢰의 붕괴는 실존적 불안을 야기하고, 궁극적으로는 자아정체성을 훼손한다. 관계에 대한 신뢰가 없이는 결코 개인이 존재할 수 없다.

개인주의자가 되기 위한
자기 확신 연습

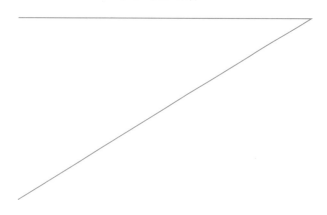

　대부분의 한국 사람은 기본적인 신뢰 관계가 약하다. 주변에 정말 사람이 없기 때문이 아니라 자신의 기준에 맞는 진정한 친구를 찾기 때문이다. 내가 어려울 때 밥 한 끼 같이 먹어주는 친구, 어느 때나 전화하면 당장 달려 나와주는 친구 등 그 기준은 사람마다 다르겠지만, 때로 상대에게 지나치게 많은 것을 요구하기도 한다. 특히 진심을 다털어놓을 수 있는 친구처럼 애매모호한 기준으로는 신뢰 관계를 맺기가 더욱 어렵다. 너무 굳건한 관계만을 기대한다면 심각한 실존적 불안을 경험할 수밖에 없다.

문제는 자아정체성을 형성하는 데 자신에 대한 확신이 가장 중요하다는 것이다. 타인과 신뢰를 쌓는 일도 쉽지 않은데, 자신에 대한 신뢰는 어떻게 형성할 수 있을까? 연약한 기반에 놓인 삶을 확신으로 끌어올리기 위해서는 일상의 습관과 루틴을 만들어 존재론적인 안정을 확보해야 한다. 예를 들어, 아침에 일어나서 커피 한 잔을 마시고, 오늘 무엇을 할지 생각해보는 습관을 만들어두었다면 일상에서의 안정감이 커진다.

앤서니 기든스는 현대인들이 자아정체성을 획득하기 위한 행동을 분석하며 한 가지 예를 들었다.

나는 괴상한 옷을 걸치기 시작했다. 싸구려에서 내가 직접 만든 것까지. 그리고 화장도 이상한 화장이었다. 희거나 검은 입술, 어둡고 강렬한 색깔의 눈꺼풀. 나는 눈썹을 잡아 뜯고 머리를 뒤로 빗질했다. 그런데 그것은 모두 허울이었다. 마음 깊은 곳에서 나는 상처를 입고 있었고 외로웠지만 필사적으로 내 자신이 되고 싶었고, 내가 누구인지를 규정하고 싶었으며 나의 바로 그 본질을 표현하고 싶었다. (…)

8강

그러나 결국 그것은 나의 일이었다. 받아들이기 너무 어려웠다. 그녀는 나를 도우려고 했지만 나에게 어떻게 살라고 말할 수는 없었다. 그것은 결국 나의 삶이었다. 삶은 나에게 속한 것이었다. 나는 삶을 가꿀 수 있었다. 나는 삶에 자양분을 주거나 아니면 삶을 굶겨 죽일 수 있었다. 나는 선택할 수 있었다. 그 선택은 너무나 무거운 짐이어서 때로 나는 그것을 내 스스로 지탱할 수 없다고 생각했다. 내가 대처할 수 있는 다른 전략을 발견했다. 내가 통제할 수 있는 전략을. 내 자신이 되기 위한, 자율적이고 자유로워지기 위한 투쟁은 계속되고 있다.[4]

아마 누구나 이런 시행착오를 거치며 자아 찾기 과제를 수행하고 있을 것이다. 그 끝에서 이 모든 것이 나의 삶이고 선택이라는 결론과 마주한다. 이 과제에서 가장 중요한 점은 내가 통제할 수 있는 전략을 구사하라는 것이다. 통제를 벗어난 너무 높은 꿈과 이상을 설정하기보다 스스로 조율할 수 있는 삶을 살 때 연약한 기반 위에서도 자신만의 세계를 세우게 된다.

자아는 개인이 책임지는 모든 성찰적 기회를 의미한다.

매 순간 우리는 자각하고 반성하며 결단을 내린다. 자아 성찰은 언제, 어디서든 일어난다. 굳이 멀고 먼 유럽으로 떠나거나 오지를 탐험할 필요도 없다. 욕실에서 샤워하는 순간, 친구들과의 식사 자리에서도 불현듯 깨달음이 찾아올 수 있다.

자아정체성은 바로 이러한 자서전적 서사를 바탕으로 생겨난다. 즉, 다른 사람에게 들려줄 수 있는 자신만의 이야기가 만들어진다면 그것이 자아정체성이 되는 것이다. 또한 자신을 정직하고 솔직하게 대하다 보면 자아실현으로 이어질 수 있으며 이를 바탕으로 늘 자기를 관찰하며 자아 발전의 목표를 정할 수도 있다. 이를 위해 나에게 끊임없이 질문을 던지고 답하는 과정이 필요하다. 아렌트가 이야기한 것처럼 내가 어떤 행위를 할 때 이를 돌이켜보는 것만큼 가장 철저한 사고도 없다.

개인과 자아는 저절로 주어지지 않는다. 나는 니체에 대해 강연할 때면 종종 이런 말을 한다. "인간이 경험할 수 있는 세계에서 가장 훌륭한 예술 작품은 다름 아닌 자기 자신이다." 우리의 삶은 작품성이 뛰어난 예술 작품이다. 자신만의 색깔로 꾸민 개성 있는 삶은 아름다우며 성공한 삶이다. 따라서 우리에게는 성격의 빛깔, 즉 성깔이 필요하다. 하지만 우리 주변에는 자아 찾기를 망가뜨리는 수많은 도전과 위협이 언제든 도사리고 있다. 늘 섬세하게 주변에서 무슨 일이 일어나는지 관찰하며 기회와 위험 사이에서 균형을 잡아 자아실현에 한 걸음 더 다가가야 한다.

나는 무엇을 느끼는가? 어떤 불안을 느끼는가? 공포감인가, 만족인가? 궁극적으로 어떻게 숨 쉬고 있는가? 당신은 자신의 몸과 호흡을 느끼는가? 자아는 이런 단순한 관심과 질문에서 싹트게 된다.

나는 인생 최고의
예술 작품이다

나를 구성하는 것은 몸, 소유, 인격 이렇게 세 가지다. 내가 무엇을 원하는지, 어떤 감정을 느끼는지 파악하려면 이 세 가지를 제대로 알고 있어야 한다.

먼저 몸을 살펴보자. 몸은 개인의 자유로운 심리적 도피처인 프라이버시와 연결된다. 여기에는 몸이 차지한 공간에 대한 프라이버시, 자유를 실현하기 위한 수단으로서의 정보 프라이버시, 내가 결정과 선택의 주체라는 결정의 프라이버시가 포함된다. 따라서 개인주의는 몸과 정보를 소유한 인격의 주체가 자신의 행위 능력을 회복하는 것이다.

여기에는 이성뿐 아니라 감정, 충동, 본능도 중요하다. 이 모든 것이 궁극적으로 우리의 삶과 직결되기 때문이다. 지금까지 우리는 집단주의 문화에 길들어 감정을 제대로 표현하지도, 욕망을 드러내지도, 의견을 잘 말하지도 못했다. 하지만 앞으로는 스스로를 들여다보고 자신에게 알맞은 방식으로 나를 대해줘야 한다.

몸은 사람마다 다르게 작동한다. 어떤 사람은 외부 자극에 민감한 반면, 어떤 사람은 둔감하다. 몸의 발견은 개인의 발견에서 가장 기본적인 전제조건임에도 그동안은 몸을 탐구하는 일이 우리 사회에서 금기시되었다. 반면 서양에서는 몸의 발견과 더불어 인간 존엄을 바탕으로 한 휴머니즘이 발전했다. 인간이 자기 자신을 발견한다는 것은 몸을 발견한다는 것과 같은 의미다. 각자 몸이 하는 말에 귀를 기울여보면 자신이 무엇을 느끼고 기억하는지 알게 된다.

그러기 위해 우리 삶에는 다이어트가 필요하다. 이 다이어트는 살을 빼서 날씬해지는 게 아니라 자기 몸을 적극적으로 만들어가는 능동적인 삶의 훈련이다. 키가 크든 작든, 통통하든 날씬하든 사람은 각각 다른 몸의 언어를 사용하며 존엄성을 확립한다. 니체의 말처럼 최고의 예술 작품인 우리는 자기 창조의 예술을 발전해나가야 한다.

반면 몸 때문에 인격이 훼손당하도록 내버려 두어서는 안 된다. 타인이 허락 없이 몸을 건드리거나 괴롭힐 때가 특히 그렇다. 과거 사람의 몸에 존엄성이 부여되지 않았을 때는 이러한 행동이 암암리에 용납되었다. 그러나 지금은 다르다. 어떤 화장품 광고의 카피처럼 '여러분의 피부는 세계의 경계선'이므로 세상과 소통하는 수단으로서 존엄성을 지켜내야 한다.

이처럼 몸은 외부세계에 대한 개인의 표현이므로 진정한 개인이 되면 몸의 표현이 풍부해진다. 손짓, 몸짓, 표정에 둔감한 사람은 그만큼 개인이라는 개념과는 먼 사람이다. 청하지 않은 접촉은 분명한 제압 행위고 외부로부터의 강요다. 영국의 철학자 토마스 홉스Thomas Hobbes의 이야기를 들어보자.

인간은 본래 사회를 위해 사회를 찾는 것이 아니라 사회로부터 명예와 이익을 얻기 위하여 사회를 찾는다. 인간은 우선 후자를 욕망하고, 전자는 이차적으로 원한다. 사

람들이 서로 결합하는 의도는 그들이 결합한 이후에 행하는 것에서 나온다.5

사람들은 먼저 몸의 존재로서 개인을 찾은 뒤에야 비로소 사회로부터 어떤 의미를 구한다. 우리는 몸과 피부를 통해 세계와 접촉하고 동시에 단절한다. 우리는 다른 사람과 접촉하며 보호와 유대감을 느끼기도 하고 거부와 반감을 얻기도 한다. 그러므로 우리가 개인이 되려면 우선 자신의 몸을 통제할 수 있어야 한다.

두 번째로 꿈과 인생의 계획을 실현하기 위한 수단인 소유에 대해 살펴보자. 부를 쌓아 부자가 되고 싶은 것은 나쁜 욕망이 아니다. 꿈꾸는 삶을 실현하기 위해서는 경제적 기반이 반드시 필요하다. 그런데 많은 사람이 마치 소유가 불의의 원천이고 부당한 것이라고 생각한다. 이는 탐욕, 시기, 질투의 모든 원인이 소유에 있고 사회에서 겪는 사회적 불평등, 양극화도 사유 재산에서 비롯된다고 여기기 때문이다.

하지만 이는 소유라는 개념을 오해하고 있는 것이다. 인간은 소유함으로써 자유로워진다. 다만 어떤 종류를 얼마

큼 갖느냐에 따라 다른 사람과 구별되는 개별의 자유, 독
특한 모습을 만들어낼 수 있다. 존 로크의 말을 들어보자.

> 자연 상태에는 그것을 지배하는 자연의 법칙이 있는데,
> 이는 모든 사람에게 의무를 지운다. 이 자연법의 이성은,
> 모든 사람은 평등하고 독립적이기 때문에 어느 누구도 다
> 른 사람의 생명, 건강, 자유 또는 소유에 해를 입혀서는
> 안 된다고 가르친다.[6]

어떤 사람은 물질이 불평등을 초래하며 개인의 발전을
가로막는다고 생각하지만, 우리는 누구나 자신의 삶을 실
현할 최소한의 소유물이 필요하다. 물론 무엇을 얼마만큼
가져야 하는가는 각자 스스로 결정해야 한다.

마지막으로 인격을 발견해야 한다. 인격은 어떤 이유에
서도 양도될 수 없고 훼손될 수 없는 궁극적 가치다. 칸트
는 "자율은 인간과 모든 이성적 존재자의 존엄의 근거"라
고 말했다. 스스로 판단하고, 선택할 수 있는 능력이 바로
인격이다. 인격은 기본적으로 스스로 생각할 수 있는 능력
에 기반한다. 다른 사람의 지도나 영향을 받지 않고 스스

로 판단할 때 우리는 비로소 개인이 된다.

당신은 이 세 가지를 모두 통제할 수 있는 성숙한 개인인가? 아니면 여전히 몸을 관찰하기 두려워하고, 소유에 부정적이며, 인격이 부족한 미숙한 개인인가? 이 모든 일을 통제할 준비가 되었다면 이제 진정한 개인이 되기 위한 마지막 관문을 통과해보자.

자신을 사랑하는 것만큼
좋은 목표는 없다

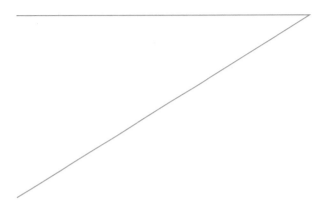

　지금까지 철학의 여러 단계를 거치며 개인주의를 살펴봤다. 개인은 그렇게 어려운 개념이 아니다. 누구나 자신이 개인이라는 것을 잘 알면서도 이를 어렵게 생각하는 것은 개인으로 바로 서기가 쉽지 않기 때문일 것이다. '누가 개인인가'라는 질문은 철학적인 관점에서 아주 간단하게 대답할 수 있다. '인격'과 '인간 존엄'이라는 개념을 발전시킨 칸트는 개인의 기준을 세 가지로 압축했다.

　첫째는 '스스로 생각한다'이다. 편견과 선입견에서 해방되어 무엇이 좋고 나쁜지, 옳고 그른지를 생각해야 한다는 것이다. 둘째는 '남의 입장에서 생각한다'이다. 다른 사람도 나처럼 스스로 생각하는 존재라는 것을 인정하라는 말이다. 타인을 고려하거나 배려하지 못하는 사람은 고루하고 편협하다. 자기 안에 갇혀 있는 현대인들이 이러한 편협함에서 벗어나기란 쉽지 않다. 타인에 대한 배려와 존중도 개인의 기본적인 전제조건이다. 셋째는 '일관성 있게 생각한다'이다. 어떤 사람에 대해 '자애롭다', '정의롭다', '친절하다'는 식으로 비슷한 평가가 나온다면 그는 일관적인 사람이다. 이러한 개인에게는 주체성, 자율성, 책임성과 같은 특성이 있다. 여전히 개인주의자라는 말을 들으면 부정적인 생각이 떠오르는가? 이 책을 제대로 읽었다면 이제는 '아니다'라는 대답이 나와야 한다.

마지막으로 개인주의를 발전하기 위한 실천전략 네 가지를 살펴보며 지금까지의 긴 이야기를 마무리해보자.

첫째, 개인은 반드시 차별화를 통해 생성된다. 내가 남과 같을 때는 개인이 될 수 없다. 남과 구별되는 독특한 개성이 있어야 비로소 독립적으로 살게 된다. 둘째, 차별화는 모든 것을 스스로 할 때 생겨난다. 무언가를 선택하고 그것을 실천하기 위해 노력할 때 남과 다른 자아가 탄생한다.

셋째, 이런 자율적 행위가 개성을 창조한다. 관행과 관습을 만들어 일정 기간 지속하면 나만의 취향을 가진 독립적인 개체로 존중받을 수 있다. 넷째, 이런 개인들이 모인 사회는 더욱 풍요롭고 다채로워진다.

그래서 우리에게는 프라이버시의 정치가 필요하다. 또한 국가는 몸을 소유한 주체이자 인격적으로 행위할 수 있는 개인, 통제할 수 있는 정보와 남이 알아서는 안 되는 정보를 스스로 경계 지을 수 있는 개인이 모인 곳이 되어야 한다. 나와 관련된 모든 사항을 국가가 감시하고 통제하는 전체주의 투명사회에서 개인은 소멸한다.

건강하고 다양한 개인들이 모여야 건강한 사회가 구성된다. 개인은 사회 속의 볼품없는 원자로서 존재하지 않는다. 우리는 근대 경제학자 존 스튜어트 밀이 『자유론』에서 한 말을 귀담아들을 필요가 있다.

대중에 대한 구체적인 의무를 저버리는 행동이나 자신을 제외한 어떤 특정한 사람에게 눈에 띌 만한 해를 입히지 않는 행동을 함으로써, 한 개인이 사회에 끼치는 단순히 개연적 혹은 추정적 상해라고 불릴 수 있는 것에 대해서,

그 정도의 불편은 인간 자유의 더 큰 선을 위하여 사회가
감내할 수 있는 것이다. (…) 각자가 자신에게 좋다고 생각
되는 방식대로 살도록 내버려 두는 것이 각 개인을 타인
에게 좋다고 생각되는 방식대로 살도록 강제하는 것보다
인류에게 큰 혜택을 준다.7

사회는 개인이 다양한 길을 걸어갈 수 있도록 도와주며
자유와 권리를 보장해야 한다. 더 이상 구성원들에게 임의
로 만든 바람직한 삶을 살라고 강요해서는 안 된다. 개인
역시 스스로 원하는 삶을 살아갈 때 궁극적으로는 사회
전체에 이익이 된다.

현대사회에는 개인의 발전을 저해하는 요소가 너무나
많다. 앞서 살펴본 이유 이외에도 일상에서 부딪히는 크고
작은 문제 때문에 자신의 개성을 발휘하지 못할 때도 많다.
그렇다고 자유로운 개인이 되길 포기해서는 안 된다. 이런
요소를 극복하고 자기 자신의 길을 찾을 때 빠르게 변하는
사회에서도 자신만의 중심을 찾을 수 있다.

세상이 너무 힘든가? 너무 빨리 변하는가? 세상이 아무
리 많은 것을 강요한다고 하더라도 몸과 마음과 생각을 가

볍게 하고 살아갈 방법은 있다. 우리를 구속하던 전통적 관계로부터 해방되었음에도 여전히 여기저기 매여 쉽게 움직이지 못한다면, 나는 단연코 이렇게 이야기해주고 싶다. '자기 자신을 사랑하라'고.

마지막으로 감히 개인이 되라고 이야기한 니체의 말을 남기며 책을 마무리한다.

인간에게 대지와 삶은 무겁다. 그리고 중력의 영이 그러길 바란다! 그러나 가벼워지고 새가 되기를 바라는 자는 자기 자신을 사랑해야 한다. 나는 이렇게 가르친다.[8]

주석

1강

1   프리드리히 니체 저, 이진우 역, 『차라투스트라는 이렇게 말했다』, 휴머니스트, 2020, 87쪽.

2   Michael Allen Gillespie, *Nihilism Before Nietzsche* (Chicago and London: The University of Chicago Press, 1995)

3   Christopher Lasch, *The Culture of Narcissim. American Life in An Age of Diminishing Expectations* (New York and London: W.W. Norton & Company, 1991), p.41.

4   Norbert Elias, *Die Gesellschaft derf Individuen* (Frankfurt am Main: Suhrkamp, 1987), p.21.

5   Christopher Lasch, *The Culture of Narcissim*, 같은 책, p.3.

8강

6 Erich Fromm, *The Heart of Man: Its Genius for Good and Evil* (New York, 1964).

7 Christopher Lasch, *The Culture of Narcissim*, 같은 책, p.32.

8 Christopher Lasch, *The Culture of Narcissim*, 같은 책, p.6.

9 Christopher Lasch, *The Minimal Self. Psychic Survival in Troubled Times* (New York·London: W.W. Norton & Company, 1984), p.16.

10 Christopher Lasch, *The Minimal Self.* 같은 책, p.15.

11 임홍택 저, 『90년생이 온다』, 웨일북, 2018, 26쪽.

12 맬컴 해리스 저, 노정태 역, 『밀레니얼 선언』, 생각정원, 2019, 26쪽.

13 프리드리히 니체 저, 배승영 역, 『유고(1888년 초~1889년 1월 초)』, 니체전집 21, 책세상, 2004, 401쪽.

14 에리히 프롬 저, 김석희 역, 『자유로부터의 도피』, 휴머니스트, 2012, 46~48쪽 참조.

15 위르겐 하버마스 저, 이진우 역, 『현대성의 철학적 담론』, 문예출판사, 1994, 26쪽.

16 유발 하라리 저, 김명주 역, 『호모 데우스: 미래의 역사』, 김영사, 2017, 15쪽.

17 Jean Baudrillad, *Die Transparenz des Bosen. Ein Essay uber extreme Phanomene* (Berlin, 1992), 75쪽.

18 한병철 저, 김태환 역, 『피로사회』, 문학과지성사, 2012, 29쪽.

19 앤서니 기든스 저, 권기돈 역, 『현대성과 자아정체성』, 새물결, 2010, 300쪽.

20 앤서니 기든스 저, 『현대성과 자아정체성』, 같은 책, 143쪽.

21 앤서니 기든스 저, 『현대성과 자아정체성』, 같은 책, 304~322쪽. 기든
    스는 자아의 딜레마를 "통일 대 분절화, 무력함 대 전유, 권위대 불확
    실성, 개인화된 경험 대 상품화된 경험"의 네 가지로 서술한다.

22 Georg Simmel, *"Fashion"*, International Quarterly, 10, n. 1, Octo-
    ber 1904, pp.130-155. Georg Simmel, *Philosophie der Mode* (Berlin:
    Pan-Verlag, 1905).

23 Zygmund Baumann, *Legislators and Interpreters* (CzambirdgeL Polity,
    1989), p.189.

24 프리드리히 니체 저, 백승영 역, 『이 사람을 보라』, 니체전집 15, 책세
    상, 2002, 325쪽.

25 프리드리히 니체 저, 『차라투스트라는 이렇게 말했다』, 같은 책, 27쪽.
26 앤서니 기든스 저, 『현대성과 자아정체성』, 같은 책, 41쪽.

2강

1 한나 아렌트 저, 이진우 역, 『인간의 조건』(개정판), 한길사, 2017, 264쪽.
2 장 폴 사르트르 저, 박정태 역, 『실존주의는 휴머니즘이다』, 이학사,
    2008, 29쪽.

3 Marshall McLuhan, *Understanding Media: The Extensions of Man*
    (Toronto: University of Toronto Press, 1964), p.7.

4 Erving Goffman, *Die Presentation of Self in Everyday Life* (New York:
    Anchor Books, 1959), p.2.

5 https://www.statista.com/statistics/304861/us-adults-shared-self-
    ie-generation/

6　Charles Cooley, *Human Nature and the Social Order* (New York: Charles Scribner's Sons, 1902). p.152.

7　John T. Scott, *Jean-Jacques Rousseau: Human nature and history* (Oxon: Taylor & Francis, 2006), p.183.

8　Christopher Lasch, *The Minimal Self. Psychic Survival in Troubled Times*, 같은 책, p.57.

9　Robert Ezra Park, *Race and Culture* (Glencoe, Ill.: The Free Press, 1950, p. 249.

10　Christopher Lasch, *The Minimal Self. Psychic Survival in Troubled Times*, 같은 책, p.184.

3강

1　Michael J. Sandel, *Liberalism and the Limits of Justice* (Cambridge: Cambridge University Press, 1982).

2　이진우 저, 「자유의 한계 그리고 공동체주의」, 『철학연구』 제45집, 1999, 47~60쪽, 이진우 저, 「공동체주의의 철학적 변형」, 『철학연구』 제42집, 1998, 243~271쪽 참조.

3　송호근 저, 『나는 시민인가』, 문학동네, 2015, 396쪽.

4　이진우 저, 「우리는 어떻게 시민이 되는가? · 성숙한 시민사회의 실천철학」, 윤평중 · 이진우 · 전상인 · 이임지현 · 김석호 저, 『촛불 너머의 시민사회와 민주주의』, 아시아, 2018, 60~111쪽.

5　프리드리히 니체 저, 김정현 역, 『선악의 저편』, IX, 262, 니체전집 14, 책세상, 2002, 283쪽.

6 임마누엘 칸트 저, 이한구 편역, 「계몽이란 무엇인가에 대한 답변」, 『칸트의 역사철학』, 서광사, 1992, 13~22쪽 중에서 13쪽.

7 프리드리히 니체 저, 박찬국 역, 『아침놀』, 173, 니체전집 10, 책세상, 2004, 191쪽.

8 한나 아렌트 저, 홍원표 역, 『정신의 삶』, 푸른숲, 2019, 276쪽.

9 니얼 퍼거슨 저, 구세희·김정희 역, 『시빌라이제이션. 서양과 나머지 세계』, 21세기북스, 2011, 13쪽.

10 이언 모리스 저, 최파일 역, 『왜 서양이 지배하는가』, 2013, 551~553쪽.

11 프리드리히 니체 저, 김정현 역, 『선악의 저편』, IX, 262 니체전집 14, 책세상, 2002, 283쪽.

12 이언 모리스 저, 『왜 서양이 지배하는가』, 같은 책, 580쪽.

13 래리 시덴톱 저, 정명진 역, 『개인의 탄생』, 부글북스, 2016, 21쪽.

14 리하르트 반 뒬멘 저, 최윤영 역, 『개인의 발견』, 현실문화연구, 2005, 16~17쪽.

15 래리 시덴톱 저, 『개인의 탄생』, 같은 책, 514~515쪽.

16 르네 데카르트 저, 이현복 역, 『방법서설. 정신지도를 위한 규칙들』, 문예출판사, 1997, 184쪽.

17 르네 데카르트 저, 이현복 역, 『성찰: 자연의 빛에 의한 진리탐구 프로그램에 대한 주석』, 문예출판사, 1997, 85쪽.

18 Walther Kohler/Andreas Flitner, eds., Erasmus von Rotterdam. Briefe (Bremen, 1956), p.38. 리하르트 반 뒬멘 저, 『개인의 발견』, 같은 책, 42쪽에서 재인용.

19 리하르트 반 뒬멘 저, 『개인의 발견』, 같은 책, 9쪽.

4강

1 프리드리히 니체 저, 김정현 역, 『선악의 저편』, 제9장, 265, 니체전집 14, 책세상, 2002, 288쪽.

2 애덤 스미스 저, 김수행 역, 『국부론 (상)』, 비봉출판사, 2007, 19쪽.

3 애덤 스미스 저, 박세일·민경국 공역, 『도덕감정론』, 비봉출판사, 2009, 3쪽.

4 애덤 스미스 저, 『국부론 (상)』, 같은 책, 552,553쪽.

5 프리드리히 니체 저, 안성찬·홍사현 역, 『즐거운 학문』, I, 21, 니체전집 12, 책세상, 2005, 91쪽.

6 프리드리히 니체 저, 『즐거운 학문』, I, 21, 같은 책, 92쪽.

7 임마누엘 칸트 저, 이한구 편역, 「세계시민적 관점에서 본 보편사의 이념」, 『칸트의 역사철학』, 서광사, 1992, 23~43쪽 중에서 29쪽.

8 임마누엘 칸트 저, 「세계시민적 관점에서 본 보편사의 이념」, 『칸트의 역사철학』, 같은 책, 31쪽.

9 임마누엘 칸트 저, 「세계시민적 관점에서 본 보편사의 이념」, 『칸트의 역사철학』, 같은 책, 30쪽. 10)

10 이에 관해서는 이진우 저, 『프라이버시의 철학. 자유의 토대로서의 개인주의』, 돌베개, 2009를 참조.

11 버지니아 울프 저, 이미재 역, 『자기만의 방』, 민음사, 2008.

12 Immanuel Kant, *Grundlegung zur Metaphysik der Sitten, Werke in zehn Banden*, hrsg.v. Wilhelm Weischedel, Bd. 6 (Darmstadt: Wissenschaftliche Buchgesellschaft, 1983), p.19.

13 폴 블룸 저, 이은진 역, 『공감의 배신』, 시공사, 2019.

14 폴 블룸 저, 『공감의 배신』, 같은 책.

15 Immanuel Kant, *Grundlegung zur Metaphysik der Sitten*, 같은 책, 60
쪽. 한국어판: 임마누엘 칸트 저, 백종현 역, 『윤리형이상학 정초』, 아
카넷, 2005, 146쪽.

16 Immanuel Kant, *Grundlegung zur Metaphysik der Sitten*, 같은 책, 66
쪽. 한국어판: 임마누엘 칸트, 『윤리형이상학 정초』, 백종현 옮김, 아
카넷, 2005, 156쪽.

17 프리드리히 니체 저, 『선악의 저편』, 제 9장, 265, 같은 책, 288쪽.

5강

1 프리드리히 니체 저, 『차라투스트라는 이렇게 말했다』, 같은 책, 115쪽.

2 클레이튼 크리스텐슨 저, 이진원 역, 『혁신기업의 딜레마』, 세종서적,
2020.

3 조지프 슘페터 저, 변상진 역, 『자본주의·사회주의·민주주의』, 한길
사, 2011.

4 Thomas Hylland Eriksen, *Tyranny of the Moment. Fast and Slow
Time in the Information Age* (London : Pluto Press, 2001) p.159.

5 Peter Conrad, *Modern Times and Modern Places: How Life and Art Were
Transformed in a Century of Revolution, Innovation, and Radical Change*
(New York: Knopf, 1999), p.9.

6 카를 마르크스·프리드리히 엥겔스 저, 이진우 역, 『공산당 선언』, 책
세상, 2002, 18/19쪽.

7 카를 마르크스·프리드리히 엥겔스 저, 『공산당 선언』, 같은 책, 20쪽.

8 Hartmut Rosa, *Beschleunigung und Entfremdung*, (Berlin: Suhrkamp, 2013), p.146.

9 이에 관해서는 Ernst Bloch, *Erbschaft dieser Zeit* (Frankfurt am Main, 1935)를 참조할 것.

10 Ernst Bloch and Mark Ritter, *"Nonsynchronism and the Obligation to its Dialectics"*, New German Critique, Durham, NC(11), 1977, 22–38, p.22.

11 임홍택 저, 『90년생이 온다』, 웨일북, 2018, 148쪽.

12 Michele J. Gelfand; Erez, Miriam; Aycan, Zeynep, *"Cross-cultural organizational behavior"*, Annual Review of Psychology. 58(2007), p.479–514. Michele J. Gelfand; Raver, Jana L.; Nishii, Lisa; Leslie, Lisa M.; Lun, Janetta; et al., *"Differences Between Tight and Loose Cultures: A 33-Nation Study"*. Science, 332 (6033), 2011, p.1100–1104.

6강

1 이에 관해서는 이진우 저, 「우리는 어떻게 시민이 되는가? · 성숙한 시민 사회의 실천철학」, 윤평중 · 이진우 · 정산인 · 임지현 · 김석호 저, 『촛불너 머의 시민사회와 민주주의』, 아시아, 2018, 60~111쪽을 참조할 것.

2 John Locke, *"Second Treatise on Government"*, in Two Treatises on Government, ed. Peter Laslett (New York:Cambridge University Press, 1960), p.289.

3 John Ehrenberg, *Civil Society. The Critical History of an Idea* (New York and London: New York University Press, 1999), p.234.

4   시몬 드 보부아르 저, 이정순 역, 『제2의 성』, 을유문화사, 1993, 326쪽.

5   Ronald Inglehart, *The Silent Revolution: Changing Values and Polit-
     ical Styles Among Western Publics* (Princeton Legacy Library, 1524)
     (Princeton: Princeton University Press, 1977).

6   Ronald Inglehart and Christian Welzel, *Modernization, Cultural
     Change, and Democracy: The Human Development Sequence* (New
     York: Cambridge University Press, 2005), p.15, 19.

7   장덕진 저, 「데이터로 본 한국인의 가치관 변동」, 『한국사회 어디
     로?』, 박태준미래전략연구총서 6, 아시아, 2017, 298–350, 305쪽.

7강

1   프리드리히 니체 저, 김정현 역, 『선악의 저편』, IX, 262, 니체전집 14,
     책세상, 2002, 337쪽.

2   장 보드리야르 저, 하태환 역, 『시뮬라시옹』, 민음사, 1992, 40쪽.

3   최태섭 저, 『잉여사회』, 웅진지식하우스, 2013, 23쪽.

4   최태섭 저, 『잉여사회』, 같은 책, 261쪽.

5   한나 아렌트 저, 이진우·박미애 역, 『전체주의의 기원2』, 한길사,
     2006, p.249쪽.

6   올리버 예게스 저, 강희진 역, 『결정장애 세대』, 미래의창, 2014, 11쪽.

7   올리버 예게스 저, 『결정장애 세대』, 같은 책, 같은 쪽.

8   프리드리히 니체 저, 안성찬·홍사현 역, 『즐거운 학문』, 제3부, 125,
     책세상, 2005, 200쪽.

8강

1 프리드리히 니체 저, 이진우 역,『반시대적 고찰 III: 교육자로서의 쇼
   펜하우어』, 니체전집 2, 책세상, 2005, 392쪽.

2 프리드리히 니체 저,『반시대적 고찰 III: 교육자로서의 쇼펜하우어』,
   같은 책, 418쪽.

3 Harold Garfinkel, *Studies in Ethnomethodology* (Cambridge: Polity
   Press, 1991), pp.41~43.

4 앤서니 기든스 저, 권기돈 역,『현대성과 자아정체성』, 새물결, 2010,
   182~184쪽.

5 Thomas Hobbes, *Vom Bürger (De Cive), in Vom Menschen·Vom Bürg-
   er*, ed. Günther Gawlick (Hamburg: Felix Meiner, 1959), p.77.

6 John Locke, *"The Second Treatise"*, in Two Treatises of Government
   and A Letter Concerning Toleration, ed. by Ian Shapiro (New Haven
   and London: Yale University Press, 2003), p.102.

7 존 스튜어트 밀 저, 김형철 역,『자유론』, 서광사, 1992, 26쪽.

8 프리드리히 니체 저,『차라투스트라는 이렇게 말했다』, 같은 책, 347쪽.

주요 키워드

자아정체성
"스스로 인식하는 확고한 자기 자신의 상"

'나는 누구인가'에 대한 총체적인 믿음과 인식이다. 주로 청소년기에 형성되는 성격의 핵심적 특성으로, 자기 자신의 독특한 개성에 대해 안정된 느낌을 갖는 것이다. 이는 개인의 견해, 행동, 가치관, 사회적 역할을 통합하는 자아의 기능에 의해 이루어진 결과이다.

나르시시즘
"자기 자신에게 지나친 애착을 갖는 것"

그리스신화에 등장하는 미소년 나르키소스의 이야기에서 유래했다. 그는 물에 비친 자신의 모습에 반해 물속으로 뛰어들었다가 목숨을 잃고 수선화가 되었다고 한다. 1899년, 독일의 정신과 의사 네케는 자기애가 강하고 스스로에게 성적인 관심을 보이는 정신과적 특징을 나르시시즘이라고 명명했다.

거울자아

"다른 사람이 보는 자신의 모습이 사회적 자아에 영향을 끼친다"

미국의 사회심리학자인 찰스 쿨리가 주장한 개념이다. 사람들은 타인과 관계를 맺으며 자아를 형성하는데, 이때 마치 거울로 자신을 들여다보는 것처럼 타인이 평가하는 자신에 영향을 받는다. 결과적으로 타인이 나에게 기대하는 방식으로 행동하려는 경향을 나타낸다. SNS는 거울자아가 드러나는 대표적인 사례다.

세대론

"각 세대의 사회적 성격 또는 세대 간의 차이가 사회 발전의 원동력이다"

광복 이후 사회의 발전 속도가 급격하게 빨라지면서 기성세대와 신세대를 구분하는 세대론이 등장했다. 대표적인 세대로는 산업화 세대, X세대, 밀레니얼 세대, Z세대 등이 있다. 각 세대는 대체로 태어난 시대로 묶이며 고유하고 특징적인 문화를 갖는다. 최근에는 1980년대 중반에서 2000년대에 태어난 신세대를 MZ세대로 부른다.

노멀크러시

"작고 소중한 행복을 추구하는 삶"

사회가 정한 기준을 따르기보다는 자신이 생각하는 평범한 일상에서 행복을 찾는 젊은 세대들의 신조어. 기성세대가 세운 돈, 권력, 명예와 같은 화려한 성공보다는 평범한 삶에 만족하는 세태를 뜻한다. 이와 비슷한 맥락으로 쓰이는 용어에는 '워라밸', '소확행', '가장 보통의 존재' 등이 있다.

디커플링
"경제의 흐름이 주변 국가 혹은 세계와는 다르게 흘러가는 탈동조화 현상"
이 말은 대개 경제 분야에서 사용되지만, 환율이나 주가 흐름을 설명할 때도 사용한다. 2008년 금융위기가 대표적이다. 2011년 말, 미국은 금융위기에서 이어진 재정 위기에 시달린 반면, 아시아는 인플레이션 우려가 쏟아졌다. 이 책에서는 사회의 변화를 따라잡지 못해 소외된 개인을 설명하는 용어로 쓰였다.

파괴적 혁신
"기존과 다른 새로운 가치를 고객에게 제공함으로써 기술 우위를 점한다"
하버드 경영대학원 교수인 클레이튼 크리스텐슨이 2002년 『하버드 비즈니스 리뷰』에서 '혁신의 딜레마'를 설명하며 주장한 개념이다. 단순하고 저렴한 제품 또는 서비스로 시장 밑바닥을 공략해 기존 시장을 파괴하고 시장을 장악하는 전략이다. 이와 함께 제시한 개념으로 '존속적 혁신'이 있는데, 평판이 좋은 기존 기업들이 제품과 서비스를 점진적으로 개선하는 것이다.

비동시성의 동시성

"각각 다른 역사의 경향성이 동시대에 나타난다"

과거의 것들이 사라지지 않고 현재와 공존한다는 뜻이다. 독일의 역사인류학자인 리하르트 반 뒬멘이 주장했다. 그는 "특정한 사회의 발전이란 도리어 '비동시적인 것의 동시성'이란 원칙에 따라 이루어지게 마련이다"라고 말했다. 한국 사회는 전근대, 근대, 탈근대의 모습이 뒤섞여 나타나며 이러한 특징을 나타낸다.

잉여인간

"불필요하게 남아도는 인간들"

21세기의 신조어라고 알고 있지만, 19세기 러시아 문학을 비롯해 마르크스, 엥겔스, 헤겔과 같은 철학자의 글에도 자주 등장했다. 우리나라에서도 1958년 소설가 손창섭이 동명의 소설을 발표했다. 무기력하고 절망적인 상황을 극복하지 못하고 현실에 순응한 채 사회에서 어떤 역할도 맡지 못한 사람들을 의미한다.

조용한 혁명

"물질적 가치에서 탈물질적 가치로"

이 개념을 주장한 로널드 잉글하트는 산업과 기술이 고도로 발전하고 복지 수준이 높아지면서 과거 경제성장, 이윤 추구 등 물질적 가치가 지배하던 사회에서 그보다 고차원적인 행복, 자아실현, 정치 참여 등 탈물질적인 가치를 지향하는 사회로 변할 것이라고 예측했다.

KI신서 10049

개인주의를 권하다

1판 1쇄 인쇄 2022년 1월 3일
1판 1쇄 발행 2022년 1월 12일

지은이 이진우
펴낸이 김영곤
펴낸곳 (주)북이십일 21세기북스

출판사업부문이사 정지은
인생명강팀장 윤서진 **인생명강팀** 남영란
디자인 형태와내용사이
출판마케팅영업본부장 민안기
마케팅2팀 나은경 정유진 이다솔 김경은 박보미
출판영업팀 김수현 이광호 최명열
제작팀 이영민 권경민

출판등록 2000년 5월 6일 제406-2003-061호
주소 (10881) 경기도 파주시 회동길 201(문발동)
대표전화 031-955-2100 **팩스** 031-955-2151 **이메일** book21@book21.co.kr

ⓒ 이진우, 2022
ISBN 978-89-509-9881-3 04300
       978-89-509-9470-9 (세트)

(주)북이십일 경계를 허무는 콘텐츠 리더

21세기북스 채널에서 도서 정보와 다양한 영상자료, 이벤트를 만나세요!
페이스북 facebook.com/jiinpill21   **포스트** post.naver.com/21c_editors
인스타그램 instagram.com/jiinpill21   **홈페이지** www.book21.com
유튜브 youtube.com/book21pub

서울대 가지 않아도 들을 수 있는 명강의! 〈서가명강〉
'서가명강'에서는 〈서가명강〉과 〈인생명강〉을 함께 만날 수 있습니다.
유튜브, 네이버, 팟캐스트에서 '서가명강'을 검색해보세요!